武富士対言論

北 健一

暴走する名誉毀損訴訟

花伝社

武富士対言論——暴走する名誉毀損訴訟◆目次

はじめに

それは突然の話だった。

「三宅さん、武富士から訴えられてるよ」

二〇〇三年三月下旬、フリーのジャーナリスト、三宅勝久は友人の新聞記者から教えられた。慌てて東京地裁に行き書記官に問い合わせると、三宅と、『週刊金曜日』を発行している株式会社金曜日が、武富士から損害賠償請求訴訟を起こされたことがわかった。武富士というのは言わずと知れた消費者金融大手で、「サラ金の帝王」の異名をもつ武井保雄が会長として君臨していた。

提訴は三月一四日。三宅が『週刊金曜日』二月二八日号（同日発売）に書いた、武富士の強引な取り立てを描いたルポルタージュ「武富士残酷物語」の内容が事実に反し同社の名誉を傷つけたから五五〇〇万円払え、という趣旨だった。

フリーライターは貧しい者が多い。三宅も例外ではなかった。三宅は訴状の中身より前に、武富士が二三万七六〇〇円もの印紙をはっていたことに目を見張った。訴えられた記事の原稿料は約六万円だった。六万円の仕事をして、五五〇〇万円の請求か。三宅は、「お前はこれから生きていくな」と宣告されたような気持ちになり、東京は阿佐ヶ谷の木造アパートから空を見上げた。だがそのときは、武富士とのバトルがどれほど長く激しいものになるかは予想していなかった。

一九九〇年代初頭のバブル崩壊以来、日本は「失われた一〇年」を過ぎてもなおデフレ不況に苦しんでいた。そのなかで一人わが世の春を謳歌していたのが、利息制限法違反の高金利で営業している貸金業者、特にサラ金大手だった。年利二〜三％で資金調達し年利二〇％台後半の高利で貸す。貸せば貸すほど儲かる仕掛けは、利用者とその家族にとっては不幸を再生産する装置にほかならなかった。年二四万人が自己破産し、九〇〇〇人近くが経済苦によって自ら命を絶つという異常事態が続いても、その深層に切り込もうとする記者とメディアはほとんどなかった。

三宅は「平成日本のタブー」に挑んだ。タブーの中心にいたのは武富士であり、その「ドン」武井保雄である。挑戦の代償は重かった。だが、武富士との裁判のなかで得たものもあった。武富士事件は、高利貸しによる消費者被害、従業員の人権問題であり、そうした問題企業と警察、暴力団、政官財の癒着の問題でもあったが、同時に批判的言論をカネの力で押しつぶそうとした「言論弾圧事件」でもある。まずは、三宅をはじめとするフリーのジャーナリストたちと、世界有数の大富豪・武井＝武富士とのバトルから、名誉毀損訴訟＝裁判を悪用した言論弾圧の実態をみていきたい。

Ⅰ　ドキュメント武富士裁判

1　前史

リスキーで売れないルポ

一九六五年、岡山県に生まれた三宅は九三年に大阪外語大を卒業後、フリーのカメラマンとして海外を長期取材しては、その成果を写真と原稿にし雑誌や新聞・通信社に持ち込むというスタイルで仕事をしていた。訪れたのはモザンビーク、東チモール、ハイチ、アンゴラ、南アフリカ、キューバ、メキシコ、ニカラグア、エルサルバドルなど。フリーの作品が採用されるには、マスコミ企業の社員記者より踏み込んだ取材が欠かせない。

もう一歩、もう一歩。踏み込むうち、金はなくなり、危険にも遭遇する。だが三宅には、どんな国でも住民と仲良くなり家に泊めてもらえる、という特技があった。一カ月、二カ月、ときにはそれ以上地元に民泊しながら、住民と同じ目線で現地を密着取材し、地道に無名の人々の声なき声を集めることこそが真実に近づく道だ。

三宅のそうした考えは、今でこそ変わってはいたが、ルポルタージュの歴史のなかではむしろ正統な感覚ともいえる。たとえば日本を代表するルポライター上野英信は、一九六〇年に上梓した『追われゆく坑夫たち』（岩波新書）で、「なぜ中小炭鉱の実情という暗い話ばかり書くのか」という批判にこう応えている。

「やはりその最大の理由は、私以外にだれひとりとして書く者がいなかったからだ、というほかはない。だれも書きとめず、したがってだれにも知られないままに消え去ってゆく坑夫たちの血痕を、せめて一日なりとも一年なりとも長く保存しておきたいというひそかな願いからであり、そうせずにはおれなかったからである」

一九九四年、この本が岩波同時代ライブラリーに収められたとき、トヨタの労働現場や原発の危険性、冤罪事件を抉《えぐ》ったルポで名高いルポライター鎌田慧は、解説にこう書いている。

「上野英信の仕事は、この国の原点ともいえる地底の闇から、もっとも弱い、しかし、もっとも気高い人間たちの魂を伝えた歌だったからこそ、いまなお、消費文明に汚染された社会に深く突き刺さっているのである」

こう記す鎌田が「上野の仕事」の代表的継承者だとすれば、三宅はその末裔ともいえた。こうしたルポルタージュの精神を愚直に実践しようとする試みは、権力を監視する泥臭いジャーナリズムからピカピカの巨大情報産業に変質したマスコミ業界では「暗い、重い、難しい」などと評判が芳しくない。そのうえ、上野や鎌田がそうであったように、ときとして権力と熾烈な対立を余儀なくされる。リスキーなうえに売れない。どこまで自覚してかはともかく、三宅はそうした道に足を踏み入れた。武富士との孤立を恐れぬバトルも、その延長線上にあった。

変わった新人記者

一九九七年、三宅は社会人募集で山陽新聞に入社する。山陽新聞は岡山を中心に四七万部を発行する有力地方紙だ。同社にとって社会人募集は初の試みだったが、同期入社のなかでも三宅は一風変わっていた。

山陽新聞には労働組合が二つある。一つは新聞労連に加盟する山陽新聞労組で、もうひとつは労連未加盟の第一労組だ。社員のほとんどは後者に入っており、三宅たち新入社員も当たり前のように第一労組の説明会に行った。組合幹部の説明が一通りすんだ後、三宅が質問した。

「もし組合員が書いた記事が社の幹部によって不当に没にされたら、組合は守ってくれますか」

その場の空気が凍った。

組合幹部は、三宅の質問に驚きながら「組合では福利厚生に力をいれていて……」と関係のないことを強調した。変わった奴が入ってきた。三宅の噂は、たちまち社内をかけめぐった。幹部の話に違和感を抱いた三宅は、少数派の山陽新聞労組に加入した。全員で二〇人ほどの小所帯だったが、気の置けない先輩たちが迎えてくれた。

新人新聞記者のお決まりであるサツ周り（警察担当）を経て、入社の翌年、三宅は香川県にある高松支社に配属される。たまたま支社と同じビルに、保証人を「目ん玉売れ、腎臓売れ」と脅して社員が捕まった商工ローン・日栄の高松支店が入っていた。そんな縁もあって、三宅は多重債務問題に関心をもち、借金苦の救済をめざす市民団体・高松あすなろの会に通うようになった。

山陽新聞での仕事

「目ん玉売れ」事件をきっかけにブレイクした商工ローン問題は、一九九九年末の国会で出資法上限金利が引き下げられるとほどなく収束にむかう（ただし被害がなくなったのではなく、むしろ拡大している)。だが、その影で、違法貸金業者が増殖を始めていた。

「若い者がどないするかわからんぞ」と市民を脅す業者。「証拠がないから動けない」という県警幹部。誰かが警鐘を鳴らさなければたいへんなことになる。そう考えた三宅は、「ルポ違法金融」と題する連載を書いた。第一回の記事は二〇〇〇年一一月七日付の『山陽新聞』香川版を飾った。マスコミでは最も先駆け的なヤミ金追及企画だった。

そのリードに、武富士とのバトルにつながる三宅の問題意識が凝縮されている。

「消費者金融などによる多重債務者が激増している。……その裏で、十日で一割もの高利を取る無登録貸金業『闇(やみ)金』や、低利融資と偽り電話一本で高額の手数料をだましとる『紹介屋』などの違法金融業者による被害も後を絶たない。貸金業規制法違反や詐欺という違法行為にもかかわらず被害者からの告訴・告発もまれで、摘発されるのは氷山の一角だ。被害の実態を探る(高松支社・三宅勝久)」

少ない記者が分担して地域面を埋めなければならない支局で、一人の記者が続きもの(連載)の取材、執筆に専念すれば、必然的に他の記者の負担は重くなる。それでも、同僚や直接の上司は理解してくれたが、ジャーナリストである前に忠実な社員であることを求める社の幹部は、取材力はあるが自由気ままで反骨の人、三宅を煙たがった。

退社のいきさつ

そんななか三宅は、ハンセン病、聴覚障害者と大学受験、ボートピア(場外舟券場)建設反対運動などを、フリー時代に身に付けた密着取材によって次々に取材、報道していった。だが、医師十数人のインタビューを核とするルポ「たばこの健康影響」など、踏み込んで取材しても企画が通らないことが重なる。二〇〇一年一月、成人式を取材中、荒れた新成人によって暴行を受け負傷。療養を終えて社に戻った三宅に、現場の仕事は残されていなかった。

中南米を放浪しながら写真をとるところからジャーナリストとして歩み始めた三宅は、朝から晩まで会社にこもるデスクワークが耐えられなかった。

「会社を辞めようと思います」

組合の先輩に相談すると訊かれた。

「どこかほかの社（新聞社）に誘われたのか」

三宅は答えた。

「違います。フリーになるつもりです」

先輩は「そうか。……厳しいだろうけど、がんばれ」と背中を押してくれた。

債権回収屋G

先の見通しは何もない。ささやかな貯金はあったものの、倒産とリストラの嵐が吹くなか、退社が経済的に無謀な選択であることだけは間違いなかった。

二〇〇二年三月、再びフリーになった三宅は、それでも「さあ、これで自由に、思う存分書けるぞ」と意気込んだ。最初に手がけたのは、山陽新聞でも取材したヤミ金融である。

同年五月、名古屋の司法書士・水谷英二がヤミ金から悪辣な脅迫を受けるという事件が起きた。水谷は、三〇社近くのヤミ金から借金をして取り立てを受け、一時は自殺まで考えた看護師の相談に乗っていた。看護師が払えないとわかると、ヤミ金は何の関係もない近所の人にまで「金払わないと、ドラム缶に入れて海に沈めるぞ」と脅した。看護師は計七〇〜八〇万円借りて三〇〇万円以上「返済」し、近所の人は一円も借りていないのに二五万円も振り込まされた。

水谷がヤミ金に不当利得返還請求書を送付すると多くの業者は取り立てをやめ、中には違法金利を返還してきた業者もあった。だが、債権回収屋Gは逆ギレし、水谷に対する攻撃をエスカレートさせる。

G　パクれるものならパクってみいや。お前の娘さろうてバラバラにしてぶち殺してやるから。
水谷　ほう、そうやって脅すんか。
G　お前の娘の頭、お前に送りつけてやるから。楽しみに待っとれよ。
水谷　そうやって脅すんか。
G　あのね、中国マフィアを雇ったからね、娘さらってこい。その後ぶち殺せと言ってあるからね。ちゃんと一〇〇万円払っているから。……用件はそれだけじゃ。

こんな明白な脅迫事件の告訴を、警察はなかなか受理しようとしなかった。当時はヤミ金が犯罪だという理解は乏しく、借金をめぐる争いは「民事」、つまり民間人同士のもめ事だから警察は安易に介入すべきでないと考えられていたのだ。違法な超高金利を無視して「借りたものは返さないと」と被害者が警察官に説教されて絶望する、といったケースまであった。ヤミ金は、そんな警察の及び腰を見透かしていた。携帯電話を介して取材を試みた三宅に、Gは「警察はそこまで本気で入ってこない。足がつかないから、絶対」と自信ありげにうそぶいている。

水谷とその家族を守るためにも、警察を動かしヤミ金の犯罪をなくすためにも、広く世に問うしかない。そう考えた三宅は、テレビ番組の放映について水谷に承諾を求めた。密着取材は三カ月目に入ろうとしていた。

もう記者会見もしている。自分はいくら顔を出しても構わない。だが水谷は家族が心配でならなかった。最後に水谷が言った。

「わかった。警察を動かすには、報道と世論が力だ。だけど、ひとつ頼みがある」

債権回収屋Gの事件を取り上げた番組のオンエアを承諾するかわりに、サラ金問題、とくに武富士を取材、報道してほしい、というのだ。「マスコミはどうしてサラ金のCMばかりを流すのだ」とも叱られた。最初からヤミ金に手を出す人はいない。被害の入り口はサラ金だった。ヤミ金と命がけで戦ってきた水谷の言葉は、三宅の耳から離れなかった。

ルポルタージュ大賞

水谷への脅迫事件は二〇〇二年一一月一七日、菊川玲らがキャスターをつとめる日本テレビ系列の人気番組「バンキシャ」で放映された。題して「実録！ ヤミ金回収屋VS司法書士」。サブタイトルの「壮絶　七五日間戦争の全記録」は大げさなコピーではなく、三宅の実感だった。オンエアと同時に日本テレビの電話が鳴り続け、視聴率は一八％を記録。同じ系列の「ニュースプラス1」「きょうの出来事」でも報道され、三宅は日本テレビ報道局長賞を受賞する。

オンエアに先立ち、この事件を四〇〇字詰め原稿用紙五〇枚にまとめたルポ「債権回収屋〝G〟」は第一二回「週刊金曜日ルポルタージュ大賞」の優秀賞を受賞した。

選考委員の落合恵子は「新しい発見とは、そこに在りながら往々にして、光が当たらなかったものに、光を当てることである」という言葉を引いたうえで、三宅の作品をこう評した。「回収する側とされる側の力学。そしてその裏側に存在する、大手のローン会社の存在（この存在にもっと接近した作品もまた読んでみたい）、そして日本の偏りすぎた経済構造も作品を通して読み取ることができる。新しい光のあてかたに成功した作品と言えるだろう」

同じく本多勝一は、「一種の特ダネ」と絶賛したうえ、「この種の問題はマスコミの事件記者なり遊軍記者なりが追及して、新聞だったら一ページをつぶして書いてもいいルポですが、このごろそういう紙面が少ないようなのはなぜでしょうね」と書いた。

この選評を今読んでみると、三宅の過去と未来を示唆しているかのようで興味深い。三宅は、一ページをつぶしても書くべきルポを、提案しても提案しても書くことができずに新聞社を去った。そしてまさに、マスコミが追及しない「大手のローン会社の存在」に「もっと接近した作品」に取り組んで訴えられたのだから。

2　悲鳴

「家族なら金返せ」

回収屋Gは二〇〇三年三月、三宅の報道がきっかけになって愛知県警に逮捕され、事件は一応の決着をみた。公判に現れたのは、気の弱そうな三〇代の男だった。Gのアパートからは、三宅が手がけた「バンキシャ」のビデオが出てきた。番組を見て、もう逃げられないと観念したのだという。Gは覚せい剤を打っており、自身も多重債務者だった。被害者が加害者になってさらに被害を生み出していく負の連鎖が、三宅にはやりきれなかった。水谷は三宅に応え、番組がオンエアされて犯人が捕まった。今度は三宅が水谷からの〝宿題〟に応える番だった。

「バンキシャ」の特集がオンエアされる約三週間前の二〇〇二年一〇月二五日、東京・霞が関の弁護士会館で「武富士被害対策全国会議」の結成集会が開かれた。水谷もふくめ、全国で多重債務者救済に取り組んできた弁護士、司法書士らが手を携え、ついに武富士との戦端を開いたのである。代表には仙台の弁護士、新里宏二が選ばれた。

それにしても、サラ金大手は数ある中でなぜ武富士なのか。発端は「第三者請求」をめぐるトラブルの頻発だった。

ここでいう第三者とは、お金を借りて返済義務を負っている債務者本人以外の人をさす。通常は家族だ。家族といえども保証人になっていないかぎり、借りてもいないお金を返す義務など法的にはまったくない。だが武富士は、本人からの返済が滞ると執拗に家族に働きかけ、家族から取り立てていた。

同社には、尊調（そんちょう）、尊問（そんとい）という言葉がある。債務者の尊属を調査し、尊属に問い合わせるという意味だ。表向き、債務者と連絡が取れなくなったとき、連絡先を調べる作業とされるが、元社員は「債務者の居場所がわかっていても、返済が滞れば尊属に問い合わせしていました。本人にかわって払ってもらうためでした」と明かす。

息子がつくった借金を親がかわって払い、再出発を援助する。経済的に余裕がある親が自発的にそうするのはめずらしくない話だし、一概に悪いとはいえない。だが、武富士から取り立てられた第三者には、生活保護を受け爪に火をともすように暮らしている人もいた。病に伏す高齢者もいた。借りてもいない、食うや食わずの人から取り立てる。三宅は思った。いったいヤミ金とどう違うのか――。

有名弁護士の「合意書」

二〇〇二年四月二六日、全国クレジット・サラ金問題対策協議会に所属する弁護士が中心になって、武富士を業務停止処分にするよう監督官庁の関東財務局に申し立てた。理由は「組織ぐるみの第三者請求」だ。七月九日には国会で武富士釧路支店での親族請求が取り上げられ、村田吉隆・内閣府副大臣は「ご指摘のようなことが事実であって、貸金業（規制法）二一条として該当するような事が仮にあるとすれば、適切に処置しなければならない」と対応に前向きの姿勢を見せた。

武富士は、「当社は『お願い』はしているが違法な『請求』はしていない」と第三者請求疑惑を全否定したが、順風満帆にのし上がってきた同社に「サラ金地獄」が社会問題化して以来のアゲンストの風が吹き始めた。武富士を監督する関東財務局には次々に苦情や処分申し立てが寄せられた。

そんな折も折、八月七日付で、弁護士木村晋介と武富士との間で「合意書」が交わされた。「武富士と武富士の債務者との関係の正常化」を目的とうたう合意書は、次のような内容だった。

「法律上支払義務のない者に連絡し、その結果同人から金銭の支払いを受けたと認められた時は、同連絡が貸金業などの規制に関する法律第二一条及び同条に関する金融監督庁のガイドライン二項に違反するか否かにかかわらず、同金銭を当該支払者に返還する」

「両当事者から甲（木村晋介弁護士）に対して提出された資料等に基づき甲（木村弁護士）がなした判断を、乙（武富士）は尊重する」

木村は、長年にわたってサラ金被害の救済に取り組んできた著名な弁護士だった。木村としては債務者や家族のために一肌脱いだのだろうが、武富士側からみれば高名な弁護士を取り込み、同社の業務のアキレス腱だった第三者請求問題の収拾を図った形である。

木村の説得には、武富士の創業者で会長（当時）の武井保雄自身が動いていた。武富士の狙いは的中する。二〇〇二年九月一日、全国各地の地方紙に「武富士が債務者側と合意」「親族取り立てしません」「申し出あれば返還」の見出しが躍った。記事には、「消費者問題に詳しい弁護士」木村のコメントと武富士法務部のコメントが並んだ。

「債務者以外から取立をしないことはこれまでも社内の順守規定になっていたが、法的な枠をはめる合意ができた意義は、大きい」（木村）

「親族らへの『お願い』は請求に当たらないし、金融庁のガイドラインに反しているとは考えられないが、業界のトップとして、妥当でない方法で回収した場合は姿勢を正すということを、広く社会に約束することが大切だとの観点から合意した」（武富士法務部）

私は、愛媛県立宇和島水産高校の実習船えひめ丸の沈没事件を取材した際、遺族から委任を受けたえひめ丸被害者弁護団（弁護団長＝豊田誠）の事務局長として、真相究明や再発防止に尽力する木村の姿を間近に見てその人柄に打たれていただけに複雑な気持ちもあるが、その点を割り引いたとしても、このとき以降の木村の武富士との距離の取り方には違和感がぬぐえない。

新里らは「関東財務局に行政処分を申し立てた債務者側とあたかも合意が成立しているような、あるいは、そのように誤解される形で利用される危険性がある」と考え、強く反発した。すると武富士は「クレサラ対協（全国クレジット・サラ金問題対策協議会）が、この合意書に反対するのは、クレサラ対協の債務整理を重点的にやっている弁護士がほとんどの仕事を失うことを懸念してのことではないか」と言い放った。このコメントは、『夕刊フジ』に大下英治が連載した「クレサラ騒動の内幕」の二〇〇二年一二月六日付の回に載った常務・佐々木理の発言だ。

多重債務者は一五〇〇万人とも二〇〇〇万人ともいわれ、その救済は面倒な割にお金にならないので熱心な弁護士は少ない。そうした事情を知っている関係者からするとまったくおかしなコメントだったが、武富士は、新里ら同社に対立する弁護士は自分たちの利権のために騒いでいるといいたいようだ。それは、武富士が対立する者に投げかける決まり文句だが、結局、人はカネのためにしか動かないという武井の寂しい価値観の現れのように私には思える。

勝ちパターン

ともあれ、クレジット・サラ金問題に取り組む弁護士らが武富士被害対策全国会議を旗揚げした二〇〇二年一〇月は、一流企業にのし上がろうとする武富士と、その違法・不当な業務を追及する者たちとの攻防、大下英治の言葉を借りれば「クレサラ騒動」が激化していた最中であった。

われわれは商工ローンも追い詰めた。次は武富士だ――。全国会議代表の新里は奮い立った。

新里たちは事業者向けの高利金融・商工ローンの被害が顕在化し始めていた一九九八年一二月、日栄・商工ファンド対策全国弁護団（団長=木村達也）を結成。年に数回、会場を全国各地に移しながら研究会を重ねて被害実態や裁判例を精力的に研究し「被害救済の仕組み」を作ると同時に、行政やマスコミにも働きかけた。東京新聞をはじめとするキャンペーン報道を経て、刑事罰が課される上限金利を約四〇％から二九％に引き下げる出資法改正と、連帯保証人を保護する貸金業規制法改正を実現していた。テレビで繰り返し流され国民を震撼させた商工ローン大手・日栄の社員が保証人を「腎臓売れ、目ん玉売れ」と脅す録音テープは、弁護団が公表したものだ。世論は激昂し、ついに警察が動いて社員は逮捕、起訴された（ただし連帯保証人保護は極めて不十分で、その後も被害が続発している。また出資法上限金利と利息制限法上限金利の間のいわゆる「グレーゾーン」の解消、制限金利の引き下げも立法の課題として残っている）。

意欲的な法律専門家集団がマスコミ報道を媒介に世論や警察、行政を動かす。それが新里たちが編み出した「勝ちパターン」だった。だが、武富士は日常よりはるかに手ごわかった。攻防といい騒動といっても、片や東証一部上場の大企業で、片や貧乏な弁護士と司法書士、小さな多重債務救済団体など。力の差は歴然で、マスコミも「大広告主」の問題に及び腰だった。

武富士は、一一月一九日、同じくサラ金大手のアコム、プロミスと同時に経済団体連合会（現・日本経団連）に加盟する。加盟申請を察知した新里らは、経団連に「慎重審査」を申し入れたが、「一部上場していれば、加盟基準に合致している」とはねつけられた。だが、経団連の事務局はその際、「加入の際には、企業行動憲章を遵守する旨の誓約書を出してもらい、トラブルが発生した場合には処分を行う」と付け加えた。

借金地獄の源流

水谷からの宿題もあって、三宅は全国会議の結成を機に「ヤミ金の入り口であるサラ金問題」に、特にその中心に位置する武富士問題に取材の焦点を合わせていく。ヤミ金被害をなくすにはサラ金を追及しなければならない。これは決して特異な意見ではない。ヤミ金問題を踏み込んで取材した多くの記者が考えるようになることだ。

たとえば二〇〇二年一二月から〇三年五月まで、三部一七回にわたるヤミ金追及の優れた連載「高利金融」を『読売新聞』で展開した同紙社会部デスク、溝口烈はこう述べている。

「ヤミ金融にはまっていく人たちの多くは、消費者金融から借金するところから始まっている。

まず大手の会社から。その返済が滞って中小業者に泣きつく。そして最後に、どこからも借りることができなくなってヤミ金融の誘いに乗ってしまう。まさに『借金』という小舟に乗って川の上流から下流へと流されていくようなものである」（読売新聞社会部『ヤミ金融』中公新書ラクレ）

その意味で、「債権回収屋〝G〟」を書いた三宅が、多重債務被害の川をさかのぼり、その源流を探ろうとしたのは必然だったともいえる。被害はまさに「まず大手の会社から」始まっていた。

無防備な挑戦

三宅は思った。ジャーナリストの良心にかけて、この問題を世に問いかけたい。せっかくフリーになったのだから新聞社ではできない仕事をしたい、という気持ちもあった。サラ金大手各社は巨額の広告を出しており、マスコミにとっては大切なお得意様だった。警察が動く事件でもないかぎり、大広告主を名指しで批判することは難しい。そこで三宅は、「債権回収屋〝G〟」の受賞の縁もある『週刊金曜日』に「ヤミ金・サラ金特集」という企画を持ち込んだ。

一九九三年、久野収（故人）、本多勝一らが中心になって創刊された『週刊金曜日』は、経営を広告に依存せず「タブーがない」ことを売りにしている硬派雑誌だ。当時の編集長は朝日新聞で社説などを書く同紙論説委員も経験した、経済記者出身の岡田幹治（もとはる）。三宅の提案を聞き、岡田は、これこそ『週刊金曜日』で取り上げるべきテーマだと思った。

だが、三宅も岡田も、そのために武富士から訴えられるリスクについての自覚を欠いていた。『週刊金曜日』は、人気連載をまとめたブックレットがベストセラー化し社会的論争を巻き起こした

「買ってはいけない」をはじめ、政治家や企業、商品を名指しで批判し時に物議もかもしてきた。そんな尖がった雑誌だから裁判は何度も経験しているかのように思われがちだが、実は予備校講師の不祥事をめぐる記事を除いて、裁判は経験したことがなかった。また岡田もそうだったが、大新聞の社員は、たとえ自分が書いた記事が訴えられても、会社の顧問弁護士や法務部が処理してくれる。勝つにせよ負けるにせよ、記者自身が一度も法廷に行くことのないまま裁判が終わることがほとんどだった。

ネクタイに怯える子ども

そんななか、三宅は精力的に取材を進めた。今でも脳裏に焼きついているシーンがある。

二〇〇二年一一月二五日のことだ。三宅は、債務整理を司法書士の水谷に依頼した岐阜の主婦・宮坂真美（三五歳、仮名）とその長男Sに会った。

宮坂は一九九六年、武富士から五〇万円借りた。返済が滞ると執拗な電話がかかり、社員が家まで取り立てに来た。Sは、武富士による取り立てにショックを受けていた。生活が苦しい中での厳しい取り立てに参った宮坂さんが家の電話に出なくなったため、武富士社員が校門で待ち伏せ、お母さんの携帯電話の番号などを聞きだしたというのだ。Sは、その後しばらく名札を外し、いつもの通学路とは違う道順で学校を往復したと話した。

喫茶店で話を聞いていたときにはSの態度は普通だったが、名鉄新岐阜駅構内の噴水のわきに移ると途端に神経質になった。つめを噛み、あたりをキョロキョロ見回し、上着のフードをかぶってうずくまってしまった。

「この人は大丈夫だから」

宮坂が背中をさすってなだめる様子が痛々しかった。待ち伏せされて以来、ネクタイ姿の大人を見ると怯えると彼女は説明した。夜中に夢遊病のように徘徊し、壁に頭を打ち付ける。精神科で診てもらうと、注意欠陥多動性障害（ＡＤＨＤ）とうつ的傾向があると診断された。宮坂自身、多重債務に追い立てられる中でうつ病を患っていた。

待ち伏せたのは誰か

そうはいっても、借りたものを返さない宮坂にも責任がある。そう思われるかもしれない。しかし宮坂はこのとき、利息制限法にもとづいて計算すると過払い、つまり返し過ぎになっていた。武富士などのサラ金やクレジット、商工ローンの多くは、民事上の利息の上限を定めた利息制限法に罰則がないのをいいことに、利息制限法の上限金利をこえ、刑事罰が課せられる出資法の上限近くの金利で貸し付けをしている。利息制限法の上限と出資法の上限の間の金利帯をグレーゾーンというが、あくまでも民事上は違法無効なので、債務整理の際には利息制限法で残債務を計算しなおすのが普通だ。七年以上返済していると払い過ぎ＝過払いになっていて、貸金業者からお金が戻ってくることも多い。宮坂も過払いだった。

「過払いなのにどうしてこんな苦しみを与えられなければならないのか」。母子の心の傷の深さを目の当たりにした三宅は、衝撃を受けた。

たとえ校門でネクタイ姿の男が待ち構えていたとしても、小学三年生の子どもにその男が武富士社員かどうか見分けがつくのだろうか。この件を水谷や三宅と一緒に調査した釧路弁護士会所属の弁護士・今瞭美（こん・あけみ）に対し、宮坂は次のように説明した。

①自宅を訪れた武富士社員を見たSが、「ああ、このおじさん昨日来た人だ」と口にした。②しばらくして武富士から勤務先に連絡があった。教えた覚えはなく不審に思って問いただしたら「子どもさんに聞いた」といわれた。③Sにたずねると、学校に社員が来て、（母の）勤務先や携帯電話の番号を聞き出されたと答えた。

宮坂はいくつものサラ金からお金を借りていたが、こうした武富士の仕打ちを許せず、二〇〇三年二月三日、過払い金返還と慰謝料約五六〇万円をもとめる訴訟を起こす。「下校中の長男に勤務先電話番号聞く　貸金業規制法に違反　損害賠償求め提訴」（読売）、「『長男待ち伏せ連絡先追及』消費者金融を提訴　岐阜市の女性　違法取り立てで苦痛」（岐阜）など、地元紙はもとより全国紙も大きく報じた。

最初の記事

三宅は宮坂の訴えと、愛知県の聴覚障害者で債務者の母親（五三歳）が武富士社員から一万二五〇〇円を強引に取り立てられた事件とを中心に原稿を書いた。メインタイトルは「武富士残酷物語」、サブは「華やかなCMの陰で横行する過剰融資と強引な取り立て」。書こうとして書いたというより、書かずにはいられなかった原稿は、簡単な手直しを経て、『週刊金曜日』

（二〇〇三年二月二八日号）の誌面を飾る。同誌のヤミ金サラ金追及シリーズの第二弾だった。

記事では宮坂はWさん、聴覚障害者はC子さんとした。武富士広報部は三宅の取材に電話で回答。「二つの事件について、内部調査の結果、指摘の事実はないと認識しているが、（事実はないという）根拠については言えない。A支店事件（支払い義務のない聴覚障害者からの取り立て）については（関東）財務局に報告書を提出中だ。B支店事件については裁判中につき、詳細は言えない」などと述べた。三宅は問答をそのまま記事にした。

宮坂（記事ではWさん）の長男Sが待ち伏せられたシーンを、三宅は「小学生を待ち伏せ」という小見出しに続けて次のように描いた。


〝待ち伏せ〟されたのは当時小学三年生のS君だ。事件は二〇〇〇年九月下旬、下校途中の午後三時ごろに校門の外で起きた。

「『ねえねえ、そこの君』と言って、背広姿の知らない男が近寄ってきて『お母さんは？』と聞いた」とS君は話す。男は武富士B支店員、母Wさんの連絡先を知りたがっていた。……武富士社員に追及されたS君は、「わからない……」とやりすごそうとした。だが男は解放せず、S君は恐くなって母親の職場と携帯電話の番号を教えてしまった。……S君は今でも、背広姿の大人を見ると不安に駆られる。

S君にとって留守番中の取り立ても恐ろしかった。……ある時、S君はうっかり戸を開けた。武富士社員だ。社員は「（居場所を教えないと）お母さんいなくなってもいい？」とすごんだという。S君は戦慄した。小学生にいったいどんな罪があるというのだろう。

同じ記事でその前に出てくるのが「聴覚障害者からSOS」という小見出しがつけられた、聴覚障害者の女性C子が息子の借金の取り立てとして一万二五〇〇円を強引にとられた話である。三宅はこの二つを括って、「力づくで利益追求を続けるならば、いずれどこかでこうした問題が起こる状況になっている」と書いている。

高金利の借金が返済能力を超えて膨らめば、無理が起こる。それはまったく正しいが、「聴覚障害者からSOS」と「小学生を待ち伏せ」には大きな違いがあった。「SOS」の方は、武富士がC子から金を受け取ったことを示す領収証もあれば、C子が取り立て直後に辛い体験を手話通訳者に訴えたファックスもあった。週刊誌記者の言葉でいえば「ブツ」、つまり動かぬ証拠が揃った堅い話なのだ。ところがS君が待ち伏せられたかどうかは、S君と待ち伏せた男性にしかわからない(たまたま目撃者でもいないかぎり)。S君にことさらにウソをつく理由はないが、宮坂さんは多数の貸金業者から金を借りて返済に追われており、待ち伏せていた男が他の貸金業者だった可能性も否定しきれないのではないか。

「企業テロ」

武富士は、三宅の取材は事実上拒否(正確には理由も示さず事実を全否定)しておきながら、作家・大下英治の取材には全面協力したようだ。大下の『夕刊フジ』連載「クレサラ騒動の内幕」

（二〇〇三年五月一日付）では、後に新里宏二ら武富士被害対策全国会議が出した『武富士の闇を暴く』という本の記述についてだが、「小学生待ち伏せ」を取り上げ次のように書いている。

事実なら法律違反のひどいケース。が武富士広報担当者は憤慨する。

「よく書けますね。尊敬されるべき弁護士が、やるべきことではない」

〝企業テロ〟との言葉も飛び出した。そして借入れ状況を克明に記した書類を見ながら反論。

……

「順調な返済状況の方の自宅に取立てに行くわけがありません。二〇〇〇年九月二十日前後に小学三年生の長男の学校にまで行って親の携帯電話の番号を聞くことなんて、ありえない。その年二月十八日に一万二千円、七月三十日に五千円借りている。一万円近くコンスタントに返済していて遅れてもいません」

「（宮坂さんは）他の業者さんと勘違いしていた、とこの時点で認識されているんです。それなのに、司法書士からいつの間にかクレサラ対協の弁護士さんに移り、武富士の社員がやったことになっている。なにがなんでもわが社を狙い撃ちするという意図的なものを感じます」

宮坂は約定どおりの返済ができず武富士などから執拗な取り立てを受けていたからこそ司法書士に債務整理を委任したのであって、「遅れていない」というのは事実に反する。また損害賠償請求訴訟を地裁に起こす以上、弁護士に委任するのは当然だ。そして、こうした具体的反論らしきものを武富士が行ったのは、三宅の記事や弁護士らの本を名誉毀損だと訴えたあとになってからだった。

リスクをとる

とはいえ、三宅の記事のほとんどが十分な証拠に裏付けられた硬い記述であるのに比べ、「小学生待ち伏せ」がリスキーな記述であったことは否めない。

だが、リスキーだから書いてはいけないなら、巨大組織がひた隠しにしている疑惑を追及する調査報道は成り立たない。それは冬山登山にも似て、いつもリスクがつきまとう。われわれジャーナリストは、捜査当局と違って家宅捜索も取り調べもできない。すべて任意に関係者の取材を重ね、間接的材料をできる限り集めながら「問い」を投げかけていくほかないのである。

『週刊金曜日』編集部の弱点は、だからリスキーな記事を載せたことにあるのではない。リスキーかそうでないかの区別ができず漫然と誌面をつくった点にある。冬山なら天気図や地形図を読み、装備をそなえ訓練を積んで挑むのと、危険性を自覚せず備えが不十分なまま安易に登ってしまうのとの違いといえる。経済用語でいえば「リスク管理」の問題だ。善意で貧乏なライターと小出版社が立ち向かったのは百戦錬磨のつわものだった。

3　提訴

内容証明

二〇〇三年三月三日、武富士代理人の弁護士・弘中惇一郎から「通知書」と題する文書が届いた。

冠省

当職は、株式会社武富士（以下通知人と言います）より、本件について委任を受けた弁護士であります。

貴社は、「週刊金曜日」二〇〇三年二月二八日号にて「武富士残酷物語」と題する記事を掲載していますが、この記事は通知人の名誉・信用を傷つけるものである上、その内容は係争中の事件について、専ら一方当事者の言い分に依拠したものであり、多くの点が事実に反するものとなっています。

貴社の報道目的がいかなるものにせよ、このような真実に反する報道が許されないことは当然であります。

以上の通りでありますので、このような形での報道を中止することを求めるとともに、今回の報道記事についての通知人に対する名誉回復についての貴社のご意見をお聞かせ下さるよう、本書により通知いたします。

草々

二〇〇三年三月三日
東京都千代田区紀尾井町三—××　ミネルバ法律事務所
弁護士　弘中惇一郎　㊞
東京都千代田区三崎町三—一—五
神田三崎町ビル六階
株式会社金曜日
週刊金曜日編集長　殿

この郵便物は平成一五年三月三日第二二九四一号
書留内容証明郵便物として差し出したことを証明します。
霞ヶ関郵便局長

武富士代理人の弘中は、薬害エイズ事件に深くかかわった元帝京大副学長・安部英（あべ・たけし）の刑事弁護人や安部が報道を訴えた名誉毀損訴訟の原告代理人を勤めたことなどで知られる有名弁護士だ。だが、この通知書は不思議なことに、武富士の名誉回復を求めながら、記事のどの部分が事実に反しており、真実はどうなのかにまったく触れていなかった。およそどんな記事に抗議する際にも使える一般的な通知で、あたかも名誉毀損訴訟を数多く手がける弘中の事務所のパソコンに入っているフォーマット（書式）の空欄に、「武富士」と「金曜日」を入力しただけのものにも見えた。

記事が違っているというのなら、なぜ武富士が訂正を求めるのではなくいきなり弁護士が出てくるのか。三宅はいぶかった。

三月三日は週明けの月曜日だったが、実はすでに三月七日号（同日発売）に載る武富士追及第二弾の記事が完成していた。『週刊金曜日』の校了は翌日の火曜日。その内容についても質問状をファックスで送り、電話で再三回答を催促していたが梨のつぶてだった。『週刊金曜日』が小なりといえども報道機関である以上、続報を止める理由はなかった。

弁護士名の通知書が届いた四日後、三宅のルポ「武富士社員残酷物語　暴力と罵声、残業代未払い」を載せた号が発売された。前号で報じた消費者被害の背景にある過酷なノルマと労務管理を暴いた力作だった。

その頃、武富士の利用者やその家族が関東財務局に申し立てた苦情や行政処分申し立ては八〇〇件に及んでいた。なかには利用者側の勘違いが含まれているかもしれない。だがこれほどの声がすべて勘違いであるとは到底考えられない。

従業員の悲鳴

なぜ武富士をめぐってこれほどトラブルが頻発するのか。三宅が取材を進めるうちに、従業員の悲鳴が聞こえてきた。北海道から九州まで、金のない三宅は夜行バスを乗り継ぎ安い宿を選びながら元従業員の声を聞いて歩いた。支社や支店は違っても酷似した証言から次のことがわかった。

①支店には武井保雄会長（当時）の写真が飾られており、社員は毎朝・夕ごとに「会長、おはようございます！　今日も一日よろしくお願いします」などと大声であいさつする。

②ボーナス、社員研修旅行などのときには会長宛に「お礼の手紙」を書く。

③無謀なノルマを達成するため、絶叫調の罵声を浴びながら営業・回収業務を強いられる。

④「臨店」と称する支店への抜き打ちの立ち入り検査では、検査にきた幹部によって罵声や暴力沙汰が繰り広げられ社員の恐怖の的になっている。

⑤ノルマが達成できないことを「悲報」、達成すると「吉報」と社内では言われている。悲報を出すと上司から激しくののしられる。

⑥ノルマ未達成のときの制裁として、支店長らを支社に集めて行う「未達対策会議」がある。成績の悪いものが多数に囲まれて、罵詈雑言を延々と浴びせられる。

妊娠中の女性を炎天下に

ある武富士支店長は、自らが経験した「臨店」についてこんな話を聞かせてくれた。

二〇〇二年七月下旬のある日の朝のことでした。営業（貸し付け）のノルマ直前だったと思います。当時管轄の支社長だったA氏が支店に入ってきて、業績を上げるようわめき始めたんです。私は、まず有線放送のボリュームを上げるよう指示されました。罵声が外に漏れないようにするためです。

それから、まず、Ａ氏は妊娠している女性社員を攻撃しました。一五分くらいおきに、業績の報告を求めたり、至近距離から「このバカ女！」と罵声を浴びせたりしました。

さらにＡ氏は女性に対し、炎天下の路上でティッシュ配りをするよう命令しました。私は「支社長、お言葉ですが、彼女はおなかが大きいですから勘弁してください」と「直訴」しましたが、聞き入れられませんでした。彼女は泣きながら路上に出て、そのまま三時間も配っていました。

同様の横暴は三日間にわたって繰り広げられ、一一人いた支店員のうち六人が、事実上クビになった者も含めて、やめてしまいました。私は、Ａ氏に腹を殴られましたが、痛みをこらえながら仕事をしていました。後に病院に行くと「肋骨骨折の疑い」と診断されました。

最後に彼は「信じられないでしょうが、これが武富士です」と付け加えた。これが一人だけの証言なら、東証一部上場の大企業の実情とはにわかに信じられない。だが、何人もが異口同音に語るのを聞くうちに、三宅は確信せずにはいられなかった。こうした労働者いじめこそ、消費者被害の元凶なのだと――。

社員残酷物語

「武富士社員残酷物語」では、そうした取材にもとづいて、関西の支店を舞台にした「臨店」時の暴行事件、無理な取り立てに追いつめられた女性が強盗に走ったこと、債権には団体信用生命保険をかけているので返済が滞った債務者が自殺すると管理室（回収部門）が沸くこと。社員が監禁され、顧客の債務を個人保証させられる例があることなどが、詳しく記されている。

「お礼の手紙」をめぐる社員Xの驚きの経験も活写されている。

ボーナスが支払われたある日、Xさんは忙しい勤務の合間を縫って手紙をしたためた。「ボーナスありがとうございました。大切に使わせていただきます」などと書き、手近にあった茶封筒に入れて投函した。

支社幹部のS氏から呼び出しがあったのは、それから約一カ月後のことだ。Xさんが執務室に入るなり、S氏は例の手紙を放り出し、大声を張り上げた。

「（お礼の手紙に）茶封筒を使うとはどういうつもりだ。ケンカ売っているのか！」

「いや、そういうつもりではありません。急いでいたので……」

「人につば吐きかけるのと一緒だ。こらあ」

激怒したままS氏は、Xさんを会議室に連行、中から鍵をかけて監禁した。そしてパイプ椅子に座らせて胸ぐらをつかんだ。

「お前はもうだめだ、やめろ」

「お願いです。続けさせてください」

「なめとんのか、おお!!」

Xは、灰皿を顔面にぶつけられ、燃えさしの吸殻と灰を浴びた。その後会社を追われ、いまは現場労働者として地道に働いている。一方、Sは役員に出世した。

突然の提訴

「武富士残酷物語」(二月二八日号)「武富士社員残酷物語」(三月七日号)と二週連続のルポに対する武富士の「回答」は、三月一四日付の提訴だった。記事の内容の個々の記述の真偽を確かめる時間的余裕があったとも思えない。先の通知書にまったく具体性がなかったことからすれば、まさに突然の提訴だった。

弘中惇一郎、加城千波、西岡弘之、大村恵実という四弁護士が原告訴訟代理人として名を連ねた「訴状」は、武富士の損害として五〇〇〇万円を、弁護士費用として五〇〇万円を連帯して払えと、被告である三宅と『週刊金曜日』発行元の(株)金曜日に求めていた。

この訴状がターゲットにしたのは、「武富士残酷物語」の前半、武富士が聴覚障害者の女性から息子の借金を取り立てたという記載だった。「その主要な部分において、全く事実に基づかないものであり、虚報である」と決め付けていたが、同時に次のように述べていた。

なお、指摘の日時ころに、原告の社員が債権回収に出向いたところ、その母親で聴覚障害の女性が、「代わりに支払う」として、一万二五〇〇円を弁済したことは事実である。また、原告の社内規則として、家族等が任意の意思で代位弁済を申し出た場合にはそれを受領できるとしているものの、その家族が障害者などの社会的弱者の場合にはそれを受領しないことにしている。したがって、本件の社員の行為が社内規則違反であったことは事実である。

しかしながら、社員が、その女性の腕をつかんだとか、「二万円出せ」と言ったとか、財布を要求したとか、財布を奪って金を抜き取ったなどの行為は一切なかった。

武富士から高額訴訟を起こされた『週刊金曜日』と『武富士の闇を暴く』

支払い義務のない聴覚障害の女性から回収したのは事実。しかもそれは社内規則違反だと聞かれもしないのに認めている。つまり三宅の記事の当該部分は主要な点で正しいと、名誉毀損と訴えた側が自認したともいえる、不可思議な訴状だった。武富士がそんな奇妙な訴えを起こさざるを得なかったのには関東財務局の行政処分をめぐるせっぱつまった事情があったが、それについては後でふれたい。

高松での出会い

私（北健一）が三宅と武富士の裁判のことを知ったのは二〇〇三年四月一一日のことである。三月二八日、三宅が前回、「債権回収屋〝G〟」で受賞した第一三回「週刊金曜日ルポルタージュ大賞」が発表された。私は、ハワイ沖で米原潜に衝突、沈没させられた宇和島水産高校の実習船「えひめ丸」についての二年間の取材をまとめたルポ「海の学校」で優秀賞を受賞した。このとき、「ボートピア騒動顛末記」で同じく優秀賞を得たのが、香川県三木町に住む山崎千津子だった。

山崎は町を守るためにボートピア＝場外舟券場建設に反対する住民運動に携わり、三宅の取材を受けていた。いつしか三宅は山崎の家に通うようになり、付き合いは家族ぐるみになった。三宅の勧めで山崎が書いたルポは、見事入賞した。

特に選考委員・落合恵子の次のような評は、山崎の人柄も捉えていた。

「『ボートピア騒動顛末記』は、建設阻止を勝ち取るまでの、決して一筋縄ではいかないプロセスを描き、読後なぜか『元気になれる』魅力のある作品。わたしたちだって『やれる！』、この頷きと共感は、この時代に特に貴重だ。さまざまな人間の交錯する思惑のタペストリーが見事に描かれている」

受賞のお礼と取材のための愛媛行きの合間に、私は山崎に会いに行った。待ち合わせの高松駅にやってきた山崎は、どこにでもいるごく普通の主婦に見えた。駅に程近い、倉庫を改造した喫茶店に入ると、山崎は切り出した。

「ちょっと聞いて欲しいことがあるの」

三宅の裁判のことだった。サラ金問題に知識も関心もなかったものの、武富士が闇社会と腐れ縁のある札付き企業と聞いていた私は、三宅の最初の記事「武富士残酷物語」を見て「これは危ない」、つまり訴えられるのではないかと感じていた。同誌が以前に連載し論争を巻き起こした「買ってはいけない」に事実誤認が含まれていたことも知っていたので、武富士ものは大丈夫なのかなというかすかな疑念もあった。だが、山崎の話を聞くうちに、同じ貧乏フリーライターとして見過ごせないという気になり、「わかりました。何もできないと思いますが、とりあえず裁判を傍聴してみます」と答えた。

がらがらの傍聴席

三宅と金曜日が武富士から訴えられた裁判の最初の口頭弁論は、二〇〇三年四月一七日、東京は霞ヶ関にある東京地方裁判所の法廷で開かれた。少し早く着いた私が法廷前の廊下でぽつんと待っていると、痩せてひょうひょうとした同年輩の男性が慣れない背広を着てやってきた。会釈して「武富士と週刊誌の裁判に来られたのですか」と尋ねると、彼が「ええ」と答え言った。

「武富士の方ですか?」

私はとまどい、

「いえ、そんな大企業ではなく、どっちかというと被告側で……」。

山崎から話を聞いていた三宅の顔がほころんだ。その後、『週刊金曜日』の担当編集者も来たが、傍聴したのは三宅と編集者と私の三人だけというさびしい幕開けだった。

ただ、被告側に『週刊金曜日』顧問弁護士の中村雅人、好川久治に加え、新里宏二、和田聖仁ら武富士被害対策全国会議に名を連ねる大勢の弁護士が駆けつけてくれたことと、東京地裁民事三〇部の裁判長・福田剛久が気さくな感じがしたことが救いだった。武富士側には弘中惇一郎と、同じ事務所（当時）の女性弁護士・加城千波が座っていた。弘中はいかにもエリート然としていて、手ごわそうに見えた。

「訴えそのものが不当なので、直ちに棄却を求める！」などと『週刊金曜日』側の弁護士が叫ぶ映画かドラマのようなシーンをひそかに期待していた私は、淡々と事実関係を立証していくという被告弁護団の態度に肩透かしを食った感じがした。ただ、新里が「原告（武富士）の被害は全国で多発している。記事の真偽をめぐる事実関係だけでなく、原告がどのような問題を引き起こしているかという背景事情の立証も行いたい」と述べ、裁判所にも認めさせたことには感心した。

胸騒ぎ

口頭弁論後、私は三宅とさくら水産という大衆食堂で昼食をとった。「卵と海苔は食べ放題、ご飯と味噌汁はお代わり自由なんですよ」と私がその晩メールで山崎に知らせると、山崎から「その定食にはおかずはついていたんですか」とユーモラスな返事がきた。もちろんついていたが、三宅は定食に冷ややっこも追加していた。

三宅は気負うでもなく、とつとつと取材経過と突然訴えられた驚きを話した。話を聞くうち、いたってまじめな一本の記事を書いたら五五〇〇万円払えと訴えられるのは、あまりに不条理ではないかと思えてきた。

翌日、山崎からメールが届いた。

「『武富士裁判支援ともの会』みたいなものを立ち上げられないか考えています。ジャーナリストや週刊金曜日読者、被害者の会等に呼びかけて。三木町内の運動は経験があるのですが、今回は少し規模が大きいようなそうでないような。真実を報道すると訴えられるという世の中はおかしいと思うのです。強いものが弱いものをお金の力でねじふせようとするのを黙ってみているわけにはいきません。お知恵と人脈（あれば）をお借りしたいです。たけのことすかんぽ（池の土手に生えるあれです）を料理しました。若葉がいっせいに翻り風が気持ちいいです」

このメールこそ、まず香川で、ついで東京で立ち上がった支援の原点だった。一方、『週刊金曜日』編集部からは、武富士との裁判を「同時ルポ」として書いてほしいという依頼がきた。依頼は、当時の編集部の空気を伝えていた。

「この連載は、裁判が決着するまでつづける予定です。留意点は、淡々と事実を報道する。間違っても、感情的な泥仕合にはしない。折角の裁判なので、この種の訴訟でどういうやりとりがなされるのかを事実で伝え、『記録』としても残すことを目的としたいと思います」（要旨）

事実と記録。それはジャーナリズムの基本ではあったが、札付きの大企業と事を構えるには、いささか牧歌的だった。こんな理不尽な裁判を起こされながら、なぜ全力で立ち向かわないのか。そういえば武富士の提訴を伝える同誌の記事も雑報欄の片隅に小さく載った、ベタ記事だった。

私はなんとなく違和感を覚えながらも、引き受けた。ひょっとしたらまずいことに巻き込まれたかもしれないと、胸騒ぎがした。

「武富士の闇」国会へ

奇しくも武富士と三宅・金曜日との第一回口頭弁論が開かれた翌日の四月一八日、国会で武富士問題が取り上げられた。いわゆるムネオハウス、元自民党代議士鈴木宗男の北方領土支援予算私物化疑惑を追及して一躍名をはせていた共産党の衆議院議員佐々木憲昭が衆議院財務金融委員会で質問に立ったのだ。

佐々木は政治腐敗追及で知られていたが、金融・経済問題の論客でもあった。この日佐々木は、議員事務所に寄せられた相談や関東財務局への行政処分申し立て、新里ら武富士被害対策全国会議の本『武富士の闇を暴く』をもとに、武富士の貸金業務と監督のあり方を問いただしていった。過剰融資、強引な取り立て、第三者請求、その背後にある無理なノルマ……。佐々木質問は武富士の業務上の問題点を網羅するものだったが、焦点のひとつは武富士が従業員にお客への融資を連帯保証させているという驚愕の事実だった。

営業目標という名のノルマを達成するために、支店長が指示して、客から人を紹介してもらって融資することがある。武富士の社内規則では一人から紹介してもらえるのは二人までとなっていたが、ノルマ未達成の際にどんな目に遭うかと考え、従業員Cは規則に抵触して紹介を受け、それが咎められて全貸付額、約四八〇〇万円の債務保証を強いられた。佐々木は、Cの証言を『武富士の闇を暴く』から紹介した。

二〇〇二年四月下旬の三日間、朝八時から夜九時まで本社一四階で監視つきの状態で軟禁、外部との連絡を絶たれた上で、テレビドラマで見る警察の取り調べのような厳しい尋問を受けた。さらに、親や身元保証人に連絡しろ、刑事告訴をする、もう警察が来ているなどと様々な脅迫を受け、債務保証書を無理矢理書かされた。それによって、四八〇〇万円を回収できなければ私が払いますと武富士に約束したことになった。

「こういうやり方は、どういう法に触れるのか」という佐々木の質問に、いずれも一般論と断りながら、法務省民事局長は「強迫による契約は民法九六条一項違反で取り消せる。会社が従業員に対する優越的地位を利用して過酷な負担を強いるのは民法九〇条に違反し、公序良俗違反で無効になる」と、刑事局長は恐喝罪、強要罪、逮捕罪または監禁罪が成立する可能性があるとした。従業員に対する債務保証強要問題は、三宅も『週刊金曜日』掲載のルポ「武富士社員残酷物語」に書き、後に名誉毀損だと訴えられることになる。

竹中大臣の〝予言〟

この質疑から、関東財務局が武富士に対し二〇〇二年一一月一二日から〇三年三月三一日まで、一四〇日間に及ぶ立ち入り検査を行ったことが明らかになった（金融庁・佐藤検査局長答弁）。通常は二週間から七〇日間程度だから異例の長期検査といえる。

検査、監督の難しさを、金融庁の五味廣文監督局長（その後金融庁長官）は「なかなか証拠がきちんと残っているケースが少ないということがあり、事実の確認というところで私どもも大変苦労している」ともらした。いくら利用者や家族の訴えを突きつけても貸金業者がシラを切れば、動かぬ証拠を探して突きつける以外に指導や監督ができない。一四〇日の長期検査は、素直に非を認めない武富士に対する執念の調査だったのかもしれない。

武富士の営業姿勢について佐々木に問われた竹中は次のように述べた。

「仮に今おっしゃったようなこと（無理なノルマによる法令違反の貸し付けや回収）が大きな企業体で続いていったならば、いろいろな綻びが生じてくるだろうし、それによってその企業の社会的信用が失われていくだろう」

あたかも武富士のその後を〝予言〟したかのような答弁である。この質疑をうけ、『週刊金曜日』で始めた連載「同時ルポ　武富士裁判」の第一回（同誌二〇〇三年五月一六日号）を私はこう締めくくった。

「取り立てに対する債務者、家族らからの苦情が集中するなか、金融庁は武富士に対し一四〇日間に及ぶ異例の立ち入り検査を実施。（三宅らの名誉毀損）裁判翌日の一八日、国会で取り上

げられるなど、『武富士取り立て問題』には法廷の内外で注目が高まっている」（竹中）

東証一部上場に続いて経団連にも加盟し飛ぶ鳥を落とす勢いだった武富士に「いろいろな綻び」が現れるのはもう少し先になる。だが、この時期にはすでに、一四〇日間の金融検査を踏まえて金融当局が処分を検討中だった。三宅が最初のルポ「武富士残酷物語」で取り上げた聴覚障害者からの取り立てにも、関東財務局の調査が及んでいた。武富士がまずこの件の記述が名誉毀損だと訴えた背景には、行政庁の処分をなんとか逃れようという狙いがあったと見るのが自然だろう。

圧力の下での取材

佐々木質問に先立つ三月中旬。三宅はＪＲ水道橋駅に近い『週刊金曜日』編集部で編集長（当時）の岡田や担当編集者と打ち合わせをした。観葉植物が置かれ、座談会などにも使われる丸テーブルのある見晴らしのいい部屋だった。

テーマは「武富士による提訴を踏まえ、今後の連載をどうするか」。取材内容に自信を持っていた三宅は、「提訴は批判封じを目的とした不当な圧力だ」と連載継続を主張した。とはいえ、これ以上の訴訟はできれば避けたい。そこで三宅は、「すでに訴訟になっているものをテーマにして、債務者側と武富士、双方の意見を紹介してはどうか」と提案した。法廷という公の場で争われている事件を、裁判資料をもとに読者に紹介するなら、いくら何でも訴えることはできないだろう。三宅も編集部もそう考えた。

企画が通ったので、三宅はさっそく武富士問題に詳しい弁護士の今瞭美に連絡をとった。釧路弁護士会所属の今は、裁判所職員をしながら夜学で法律を学び司法試験に受かった苦労人。弁護士登録した年からサラ金問題、とくに武富士問題に取り組んできた。今という名前なのになぜか「由利弁護士の部屋」と名づけた彼女のホームページに特設コーナーを設けるなどして、今は武富士の違法不当な業務を告発してきた。

これまでの取材ぶりから三宅を信頼していた今は、さっそく「第三者請求」をめぐる裁判を二つ紹介してくれた。宮崎のBと北海道のS。ともに債務者の母親で、返済義務のいっさいない「第三者」だ。武富士はぎりぎりの生活をしている二人から子どもの借金を取り立てた。二人はそれぞれ弁護士に委任、武富士を相手に損害賠償を請求する裁判を起こしていた。病気持ちで年金生活のB、昆布漁や水産加工工場で働きながらようやく暮らしを立てているS、どちらも生活に余裕がなかった。もし武富士が、親には支払い義務がないと正しく説明していたら子どもの借金など払わなかったという二人の訴えが、三宅の胸にすとんと落ちた。

「三宅の記事はすべて虚偽」

三宅はもちろん武富士にも取材したが、対応は「武富士残酷物語」のときよりひどく、一言も回答がないありさまだった。三宅の武富士問題第三弾のルポは、『週刊金曜日』五月九日号に掲載された。編集部は同号の表紙に、「『家族なら借金払え』裁判」と大きく刷り込んだ。そこには言いがかり的裁判には屈しないという意思がこめられていた。

同号発売二日前の五月七日、三宅は弁護士の中村、好川、新里、『週刊金曜日』編集者と名古屋の弁護士・小野万里子の事務所に赴いた。三宅たちはそこで、武富士から訴えられた記事に登場する被害者Wとその夫、代理人弁護士の小野、手話通訳者のKから詳しく事情を聴いた。Wらの話は、三宅の取材を具体的に裏づけるものだった。

話を聞き終えた新里が言った。

「勝訴間違いなしだな」

何事にも楽天的な新里らしい言葉だったが、たしかにこの記述に限っていえば証拠も証言もそろっており、関東財務局も独自に調査するなど、相当にしっかりした記事だった。一行は名古屋名物ひつまぶしを食べ地酒を楽しみながら話を弾ませた。

だが、武富士は甘い相手ではなかった。

約一カ月後の六月二日、同社は『週刊金曜日』との裁判が係属している東京地裁民事三〇部に「訴えの変更申立書」を提出。そのなかで、先に訴えた聴覚障害者からの取り立てに加え、小学生待ち伏せ、武富士社員残酷物語、「家族なら借金払え」裁判（「武富士『第三者請求』裁判）の各記事について、ことごとく「全くの作り話である」「要するに全くの虚報である」「すべて虚偽である」と一方的に決めつけ、請求額を五五〇〇万円から一億一〇〇〇万円に増額した。額も途方もない高額だったが、ジャーナリストにとって真実性は記事の命であり、「すべて虚偽」などという決めつけは仕事ばかりか人格まで否定されるに等しい屈辱だった。

連携した三方向からの攻撃？

ところで「訴えの変更申立書」で武富士側は、こんな「現状認識」を示している。

現在、原告（武富士）に対しては、三つの方向からの攻撃がなされている。

第一は、原告の元社員が違法に持ち出した内部資料を入手したものらが、これを利用して、原告の悪口を書き立てたり、金銭を要求したりしてきているものであり、すでにその一部に対しては恐喝罪等で強制捜査が開始された。

第二は、消費者金融業者の中で、専ら原告に的を絞って、事実を捏造して、社員に対する不当なノルマの賦課と制裁があり、それに関連して違法な第三者請求が頻発しているかのごとき宣伝を行うものであり、本件もその一つである。

第三は、それらの宣伝をあたかも事実であるかのような前提に立って、日本共産党が、政治方針として原告に対して行っている攻撃である。

以上の三方向からの攻撃は連携しており、密接に絡んでいると考えられる。

武富士のいう第一の攻撃とは、同社元法務課長・中川一博の内部告発に端を発する動きであり、第二の攻撃とは、ジャーナリストの調査報道や弁護士グループによる告発をさす。それらを第三の攻撃＝共産党の政治方針？　と括りつけ、連携していると主張する。こうした荒唐無稽な主張は、武富士が『週刊金曜日』を訴えた訴訟が、誤報による被害救済をもとめる通常の名誉毀損訴訟とはおよそ異なる、異常な訴訟であることを物語っていた。
とはいえ、武富士が三本のルポすべてを訴えてきたことで、三宅と弁護団の苦労ははるかに増すことになる。三宅と代理人の中村、好川は北海道から九州まで文字通り全国をめぐって三宅の取材対象者に会い、記事内容を再確認していった。

名誉毀損訴訟の乱発

しかも武富士は、こうした高額訴訟を乱発していた。同社による盗聴疑惑が顕在化して以降の報道相手の提訴に限ってもこんなにある（裁判の結果は本書一一二九ページ参照）。

二〇〇二年一二月『サンデー毎日』を提訴（被告・（株）毎日新聞社、ジャーナリスト山岡俊介）
二〇〇三年三月『週刊金曜日』を提訴（被告・（株）金曜日、ジャーナリスト三宅勝久）
同年四月『武富士の闇を暴く』（単行本）を提訴（被告・（株）同時代社、執筆者の三弁護士）
同年五月『週刊プレイボーイ』を提訴（被告・（株）集英社、編集長、ジャーナリスト寺澤有）
同年七月『月刊ベルダ』を提訴（被告・（株）ベストブック、編集長、山岡俊介）
同年八月　月刊誌『創』を提訴（被告・（有）創出版、山岡俊介、野田敬生）

このうち、新里、今ら武富士被害対策全国会議が編んだ告発本『武富士の闇を暴く』をめぐる訴訟は武富士の貸金業務の違法不当性についての争いであり、三宅と『週刊金曜日』が訴えられた訴訟とほぼ同じ構図だ。それ以外の訴訟は、その後日本を震撼させたジャーナリスト盗聴事件を、報じる側と、その報道を力づくでつぶそうとする側との熾烈な攻防である。その内容をみていくために、このころ風雲急を告げていた盗聴疑惑、武富士の当時の言い方では「第一の攻撃」(恐喝事件)に話を移そう。

4　告発

出前の注文から愛のささやきまで

盗聴事件が明るみに出るきっかけは、二〇〇二年九月末のことだ。

「私、武富士のことでいろいろ情報があるんです」

経済や事件に強いフリーのジャーナリスト山岡俊介の携帯電話に、中川一博が連絡してきた。中川こそ、地上げに始まり盗聴や尾行、警察や暴力団との折衝など、いわゆる裏業務を武富士会長・武井の特命を受けて担ってきた武富士元法務課長だった。逮捕後、写真週刊誌などに掲載された写真はちょっと怖そうだが、会ってみると優しい目をしている。彼は、違法業務に携わる反面、その証拠を誰にも気づかれないように収集。会社を首になった際、それらを密かに持ち出していたのである。

そんな人物からの連絡とは知らない山岡は、最初、半信半疑だった。事件ものを手がけ数々のスクープを世に放ってきた山岡のもとには、さまざまな思惑から接近し「情報提供」をしてくる者がいたが、きちんと裏がとれて記事にできるものは少なかったからだ。

だが、新宿の居酒屋で中川と三度目に会ったとき、山岡の疑念は確信に変わった。

中川が紙袋から取り出した、録音を字に起こした文書をみて、自宅の電話が盗聴されていたことを知ったのだ。山岡が専属記者をしている『週刊大衆』編集者との打ち合わせから鉄火丼の出前の注文、妻への愛のささやきまで、山岡と電話の相手以外は知るはずのない通話内容がそこには克明に記されていた。怒りに火がついた。

一寸の虫

山岡の人柄を、辛口評論家で『週刊金曜日』編集委員でもある佐高信はこう描いている。

武富士による盗聴事件……の経緯を綴った『銀バエ　実録武富士盗聴事件』（創出版）も熱書だが、私は山岡が中国人女性と結婚するまでを告白した『ぼくの嫁さんは異星人』（双葉社）に山岡の別の一面が表れているように思った。むしろ、それこそが山岡の本質と言ってもいいかもしれない。

……クラブで働いていた（中国人女性）紅（ホン）ちゃんとの結婚に、多くの人が「山岡は騙されている」と心配顔で忠告しても、彼はきっぱりこう答えたとか。「いいんです。もしそうだったとしても」

弱者には騙されてもいいという覚悟が山岡を〝強い者イジメ〟に向かわせる。

弁護士志望だった自分の子どものころを山岡はこう回想する。

「小さいころのぼくは、両親がもう少し柔らかくならないか願ったほどクソ真面目、思い込んだら一途で、融通が本当に効かなかった。また、赤ん坊のころはカンの虫が強く、すぐ髪の毛を逆立てて引きつっていた。神経過敏でもあった」。武富士のドン、武井保雄が盗聴したのは、こんな子どもが成人した山岡だった。

（「佐高信の人物メモワール　山岡俊介」『週刊金曜日』二〇〇四年四月九日号）

武富士とのバトルのなかで山岡に出会った私は、この佐高の描写が本当に当たっていると実感する。弱いものにははらはらするほど優しく、強い者の不正には全力で立ち向かう。そんな山岡を敵に回したところに、世界の大富豪・武井保雄の蹉跌の一因があったのだ。

佐高はこのコラムを、こんな風に書き出している。

「山岡を支え続けてきた弁護士の芳永克彦によれば、山岡はいわゆる闘士ではないという。しかし、一寸の虫にも五分の魂である。いや、一寸の虫にこそ五分の魂が宿るのだ」

告発と私怨のはざまで

さて、中川が持ち出した極秘資料（後に中川資料と呼ばれるようになる）には、山岡宅の電話を盗聴した録音テープや、盗聴費用の支払いを承認した武井会長の決裁印のある稟議書もあった。警察との癒着や暴力団への資金提供、マスコミ工作の証拠もあった。それは、後に捜査当局が「宝の山」と呼んだ犯罪の動かぬ証拠、事件記者なら喉から手が出るような第一級のブツだった。

だが、中川が山岡に接近したのは、純粋な告発とは言いがたい側面もあった。中川はこのとき、五〇〇〇万円の借金を抱え、厳しい追い込みを受けていた。その借金こそ、中川が武富士を首になったきっかけであり、告発の背景でもあり、そしてその後彼が逮捕、起訴されてしまう火種でもあった。

大企業の中堅幹部という一見堅い仕事をしていた中川が、なぜこんな借金を背負ったのか。それは賭博のためである。賭博で借金をつくって会社を首になり、その際に会社の資料を持ち出したために業務上横領で逮捕、起訴される。それだけ聞くと、いかにも自業自得に思えるが、中川が賭博をするようになったのは武富士の裏業務のためだった。

一九八二年に武富士に入社した中川は支店長、管理部（回収部門）室長など通常の貸金業務を経験した後、九二年八月に地上げなどを担当する開発プロジェクト課長代理に就任。九四年に本社に渉外部が発足すると同部に招かれ、その後総務部法務課、同課長と肩書きこそかわったが、一貫して武富士の裏業務、表には出せない汚れ仕事に携わるようになる。

武富士は一九九六年に念願の株式公開を果たしているが、その準備に入ったのは九四年頃のこと。株式公開をめぐって右翼や総会屋、暴力団が連日のように武富士本社はもとより、野村證券や東京証券取引所（東証）に押しかけていた。混乱が収拾できなければ上場もできないという「お家の一大事」に、中川は武井保雄の懐刀の一人として動くようになったのだ。

会社に対する攻撃を止めるために暴力団関係者や不良警官と夜の密談を重ねるうち、中川は違法賭博に誘われのめり込むようになった。彼も賭け事が嫌いではなかったのだろう。気がつくとクラブの飲食代や賭博の借金は一〇〇〇万円になっていた。二〇〇〇年のことだ。やむなく武井に相談すると、代位弁済してくれた。中川が裏業務に打ち込んだことの見返りだったという。

そのペナルティで中川は法務部課長から平社員に降格されたが、武井の温情に感謝し仕事に励んだ結果、課長代理に戻っている。ところが賭博から足を洗えず、一年後には再び一〇〇〇万円をこえる借金をつくってしまった。かくなる上は、責任をとって会社を辞め、退職金で借金を返すしかない。そう腹を括った中川に、武井は激怒し、「そんな不良社員に払う退職金などない。前に肩代わりした一〇〇〇万円も返せ」と突き放した。

「身の保全を図れ」

たしかに自分も悪かった。だが、命の危険までおかして裏業務をしてきた自分も結局は使い捨ての駒でしかなかったのか。このとき、中川の胸のなかで武井への忠誠心が崩れ落ち、裏業務部門でかつての上司だった藤川忠政の言葉が思い出された。

「お前も最終的には（裏業務の責任を）すべて押し付けられて切られるから、身の保全を考えたほうがいい」

武富士総務部長として右翼、暴力団と話をつけ株式上場を果たした藤川は、武井が二股をかけたり報酬をけちった暴力団との話のこじれから命を狙われた。武井は「身を隠せ」と指示、事実上会社を追われていた。中川は藤川のアドバイスどおり、裏業務の記録やその証拠を、「処分しろ」という指示にさからって密かに自宅に持ち帰っていた。

親しかった藤川がいなくなってからの仕事について、中川はこう語る。

「朝は弁護士と会い、昼は裁判所へ行き、夜は右翼と話したり警察に情報提供をお願いをする。そういう状況のなか、何が正しいのか判別がつかなくなりました。相談できる人もなく、飛び降りでもしなければしようがないかと思ったこともあります」

追い詰められた中川は、自暴自棄になった。賭博で勝って借金を返そうともくろむが、そんな心理状態でバクチに勝てるはずもない。借金は逆に約五〇〇〇万円に膨らみ、のっぴきならない状況に陥った。二〇〇二年九月六日、中川は退職届を会社に郵送する。だが武富士はそれを受理せず、退職届提出後に出社しなかったのが「無断欠勤」だとして、中川を懲戒解雇処分とした。

多額の借金を抱えていた中川は、「身の保全」のために集めた極秘資料を金に換えたいと望みつつ、逮捕覚悟での告発も決意していた。カネと告発、正義と私怨。その狭間で揺れながら、中川は山岡のもとにたどりついたのだ。

山岡と武富士の因縁

中川が告発を打ち明ける相手に山岡を選んだのには、彼が盗聴被害者だったという以外にも理由があった。山岡は契約記者として『週刊大衆』に毎号記事を書くほか、週刊誌や月刊誌で政治家や企業の疑惑をスクープしてきた実績がある。それに加え、二〇〇〇年一〇月三〇日発売の『別冊宝島』に執筆した記事「詐欺師・政商・街金融！　ネットバブルを演出した裏人脈」という記事をめぐって、山岡は武富士から訴えられていたのだ。

名誉毀損訴訟では記事に公共性、公益目的があり、その記述が真実か真実と考えた相当な理由があったことを訴えられた記者、メディアの側が立証しなければならない。しかも取材源を守ることはジャーナリストの鉄則だが、裁判所は裁判で報道側が取材源を明かさなければ、「どこの誰が言ったかも定かでない話は証拠にならないから、記事の真実性、真実相当性が立証されていない」という理屈で報道側敗訴の判決を言い渡すことが多い。山岡も自分に不利と知りながら取材源を守り、東京地裁で敗訴。共同被告だった宝島社は「控訴しても勝てる見込みが乏しい」とみて裁判を降りてしまい、孤立無援の苦戦を強いられていた。

大塚万吉の「私戦」

山岡なら情報を生かしてくれる。中川はそう信じ、懐に飛び込んだ。借金で追い込まれていた中川は、資料を金に換えなければとせっぱ詰まっていた。とはいえ、フリージャーナリストの山岡には、いくら極秘資料といえども何千万もの大金に換える手立てなどあるはずもなかった。

これはたいへんなスクープだ。自分が被害者でもあり、ペンで告発したい。「金にはならない」と突き放せば、中川は自分のもとを去り、真実は闇に葬られるだろう。考えあぐねた山岡は、取材協力者、ネタ元として付き合いのあった大塚万吉に話をつないだ。

大塚は在日朝鮮人で、いわゆるフィクサーだ。寸又峡温泉に人質をとって立てこもった金嬉老（本名・権禧老）の身元引受人になるなど日韓交流に一肌脱ぎ、オウム事件の際には教団側とマスコミをつないだ人物だったが、一九八〇年代に武富士が京都で繰り広げた地上げをめぐる抗争で友人の同和団体幹部が殺されたことを「武富士に殺（や）られた」と考えた大塚は、その仇を討つべく、たった一人で武富士との「私戦」を続けていた。

資料をもって東京・中野区の事務所に来た中川に、大塚は尋ねた。

「これで幾らほしいの」

「私には借金が五〇〇〇万あるので、それを返せる金額が欲しいです。もちろん、それより金額が多ければ多いほどいいです」

中川が答えると、大塚は「マスコミに売ったところで、一〇〇〇万円にもならないだろう。これを五〇〇〇万円で買ってくれる人は、株を扱う人くらいしかいないだろう。もし他に五〇〇〇万円で買ってくれる人がいたら、探してやろう」と言葉を継いだ。二〇〇二年一〇月上旬のことだった。


以上は、後に中川が訴えられた盗聴・恐喝未遂公判での東京地裁（服部悟裁判官）の二〇〇四年五月七日判決の事実認定だ（検察・被告双方が控訴せず確定）。

「株を扱う人」という大塚が考えていたのは、中川資料を使った武富士株の空売りだった。空売りとは、株券を借りてまず売却し、期限までに買い戻して決済する信用取引のこと。売ってから買い戻すまでに株価が下がっていれば、その分が儲けになる。大塚は武富士株を空売りしてから、中川資料をマスコミなどに流し、それが報道されて武富士の信用が落ちて株価が下がったところで買い戻すというシナリオを描いたのだ。このシナリオが行き詰まるなか、武富士の巧妙な立ち回りで事態は思わぬ展開を迎えるのだが、その話の前に、中川資料を使った報道についてふれておこう。

語るに落ちる仮処分申し立て

中川資料の一部を手にした山岡がまず書いたのが、自らが武富士に盗聴されたことを暴く会員制月刊誌『ベルダ』（一二月号）の記事だった。記事をみて連絡してきた『サンデー毎日』（一二月一日号）が、大手マスコミとしては初めて武富士盗聴疑惑をスクープ。年が変わり二〇〇三年になると、山岡はさらに月刊誌『創』（一・二月合併号）で武富士による大手マスコミ接待を、『サイゾー』（二月号）で武富士に天下った元警視庁警部補が、武富士の内情を記した「小説」を同社に五〇〇〇万円で買い取ってもらった疑惑を書いた。

それに対して武富士側は、中川資料が闇社会から報道関係にまで広く出回っていることを察知し、常務の佐々木理、中川の後任で法務課次長の新井世源が中心になってその回収に奔走。三月一九日には東京地裁に、盗聴テープなど中川資料の散逸防止と回収を目的に、「動産（社内文書）占有移転禁止等仮処分」を申し立てている（申し立ての代理人弁護士は弘中惇一郎ほか）。同社は『サンデー毎日』の取材に対し、疑惑を全否定したうえで、

「A氏（中川のこと）に問いただしたいくらいだが、連絡がとれない。……武井会長に恩義を感じて、『当社を批判する人物を何とかしたい』と考えて、個人的にやったのかもしれない」

と答えている。経営者に恩を返すために社員が個人的に盗聴をする会社があるとすればそれもめちゃくちゃな話だが、すべてを中川になすりつけるコメントをしながら、裏では盗聴などの証拠を「会社のもの」と主張し回収を図っていたのだ。この「申し立ての理由」は、「サンデー毎日等に会社の営業上の秘密事項が掲載され、多大な損害を被った」とされている。『サンデー毎日』

が報じたのは、武富士がジャーナリスト宅を盗聴したという疑惑であり、それをもって「秘密事項が掲載され」たというのだから、語るに落ちるとはこのことだ。

警察の腰が重かった理由

それにしても盗聴テープが七一本、武井の印鑑が押された盗聴費用の支出を承認した稟議書、盗聴を請け負い費用を受領したアーク横浜探偵局の武富士宛領収証など、動かぬ物証がそろっていたのに、なぜ警察はなかなか腰をあげなかったのか。背景には、警視庁と武富士との骨絡みの癒着があった。その癒着を追及していったのがジャーナリストの寺澤有である。

寺澤は二〇〇三年二月六日、山岡の紹介で中川に会い、後日、中川資料の一部を入手。慎重な裏づけ取材を経て、五月一二日、『週刊プレイボーイ』で武富士と警視庁との癒着追及の火蓋を切って落とした。題して「警視庁個人情報がいまだに流出している」。暴力団関係者の犯歴などの極秘捜査資料が警視庁から武富士に渡され、その見返りに武富士が幹部警察官らにビール券等を贈っていることを暴いた驚愕の記事だった。

同誌の発売翌日、武富士は寺澤と『週刊プレイボーイ』編集長の田中知二、発行元の集英社を相手取って五〇〇〇万円の損害賠償と謝罪広告掲載をもとめる名誉毀損訴訟を提起（東京地裁民事一五部）。翌週号への続報掲載をつぶすため、その発売前日の一九日には東京地裁民事九部に出版禁止等の仮処分まで申請した。仮処分こそ、集英社側のすばやい反論で同日中に取り下げたものの、二〇日発売の号に第二弾が出ると武富士は損害賠償を五〇〇〇万円増額。以降、記事を一本訴えるごとに賠償請求を増額し、第五弾が載った七月二九日発売号までで総額二億円の高額請求訴訟となった。

裁判もギャンブル感覚で？

報道つぶしに躍起となった武富士の振る舞いについて、寺澤はこんな風に書いている。

それまでも、武富士および武井保雄同社会長（当時）は批判的な報道に対し、名誉毀損という理由で高額の損害賠償請求訴訟を連発していた。中川元法務課長は自分の業務体験もまじえ、こう語った。

「報道が事実かどうかは関係ありません。『高額の損害賠償請求訴訟を続けていれば、いずれ批判する者はいなくなる』というのが武井の考えですから」

武井会長のギャンブル好きは有名だ。海外のカジノで一度に数億円負けることもあるという。……武富士は本誌記事が一回掲載されるたび、五千万円ずつ損害賠償を上積みしてきた。いかにもギャンブラー的な発想だが、本誌も筆者も降りることはない。

（『週刊プレイボーイ』二〇〇四年三月二日号）

寺澤はもちろんだが、集英社も高額訴訟に動じなかったのは、連載開始にあたってあらかじめ訴えられることを予想し、周到に備えていたからだ。ギャンブラー武井の攻撃は、織り込み済みの展開だったのだ。

フリーランスの覚悟

寺澤は警察スキャンダルの追及を通じて鍛えられていた。『メディアアクセスガイド』（現代人文社）の巻頭インタビュー（聞き手・境分万純）を読むと彼の考えがよくわかる。

――警察不祥事にはいろいろなものがありますが、報道するかしないかという素材の選別方法は。

ひとつはやっぱり、ほかの人がやっていないこと。もっともたいがいやっていないことで、ネタはいつもたくさんあるから、いちばん頭を使うのは順序です。どういう順番で報道していけば問題が大きくなるかと。こちらはひとりしかいないわけですから効率よく考えないと戦争に勝てません。……

もうひとついえば、ひとりの証言だけに頼るのはやはり危ない。いろいろな圧力があって前言をひるがえされたりするのもまずいですから、べつに何人か裏づけをしてくれる人を確保するとか。いちばん強力なのはなんといっても物証です。とくに警察など、証言者がどれだけいようとしらを切りとおすところですから、確実な物証を押さえて「これが証拠だ」と出せないと。

ここで寺澤が「戦争」になぞらえているのは、裏金問題をはじめとする不正をひた隠す警察とのバトルをさす。インタビューには、こんなくだりもある。

——そういえばちょっと脱線しますが、「戦争」が終わらないかぎり結婚は避けていらっしゃる、そういう覚悟をされていると耳にしたことがあるのですが、ほんとうですか？

それは〝都市伝説〟のたぐいだなあ（笑）。「寺澤はゲイだ」ともよく言われます。実態は仕事を離れて女性に出会う機会がないんですよ。

プロのリサーチャー

寺澤の取材には、元公安調査官でその後退職、「公安調査庁の闇」を追及している野田敬生（のだ・ひろなり）もリサーチャーとして協力していた。野田は抜群の調査能力と類い稀な感覚をもっていた。ギャンブラー武井は、こういうフリーランスたちを敵に回してしまったのだ。

野田は、武富士＝警察追及第一弾の『週刊プレイボーイ』が発売される日、彼が発行するメールマガジン「ＥＳＰＩＯ！」で「武富士、警視庁に宣戦布告！」と題し、次のような記事を配信している（二〇〇三年五月一三日号）。

まだやらなければならないことが沢山残っていて、なかなか時間がない。戦略上、詳しく手の内を明かすわけにも行かない。過去の傾向から判断すると、武富士は筆者らを名誉毀損で訴えてくる可能性が高い。一方、警察もスキャンダルを暴露されているので、その出方が注目される。

私も、野田のメルマガをみて慌てて近所のコンビニに走り、『週刊プレイボーイ』を買った。誌面には、「平成一一年冬の武富士から疑惑警官たちへのお歳暮リスト」や「右翼標ぼう暴力団個人カード」と題する犯歴情報といった動かぬ証拠も写真で掲げられていた。ちなみに、公安調査庁をはじめ権力の不正を次々に暴くメルマガだけ読んでいると野田は頭脳明晰な怒りの人といった印象なのだが、本人に会うといかにも関西人らしいおもろい人という一面もある。

口封じ

警察と武富士との癒着は、個人情報保護法案の国会審議の最終局面で取り上げられる。といっても、それは山岡や寺澤が仕掛けたのではなく、きっかけは偶然だった。

五月一三日、当日の委員会審議に備えていた共産党の参議院議員・宮本岳志に新聞記者から電話が入った。今日発売の『週刊プレイボーイ』に警察と武富士の問題が出ているが、それを取り上げるのか、というのだ。さっそく読んだ宮本は、質問通告してあった別件に加え、急遽質問をぶつけた。個人情報の保護に関する特別委員会で質問を繰り返すうち、福島瑞穂（社民党）ら野党議員の間で事の重大さが共通認識になっていく。個人の犯罪歴というセンシティブな個人情報が警察からサラ金に垂れ流された疑惑を放置しておいて、民間の個人情報だけを縛る法律をつくらせるわけにはいかないと——。

五月二一日、委員会には首相の小泉純一郎も出席することになった。テレビカメラも入る。野党議員は連携して質問する構えだったが、ここで思いもかけない事態が起こった。ジャーナリストの横田一は、次のように書いている。

宮本議員が小泉首相に質問する前日の二〇日、質問内容を決めるために警察の対応について問い合わせた。ところが、なかなか答えをよこさない。催促すると「明日の朝に回答させて欲しい」と懇願され、「今回だけだぞ」としぶしぶ了承したら、翌朝、先送りの意味がよく分かった。朝刊に「中川一博逮捕」と載っていたからだ。「警察は私への回答を遅らせる一方で、中川一博の身柄を取りに行ったのです。『恐喝未遂犯の資料だから信憑性に乏しい』と印象づけようとしたわけです」（宮本議員）。（『世界』二〇〇四年四月号）

警視庁は首相を迎える参議院集中審議の前日に中川の身柄を押さえ、審議の日の未明に逮捕した。容疑は恐喝未遂。逮捕したのは武富士から最も多くビール券をもらうなど癒着の中心にいた警視庁新宿署。後に同容疑が不起訴処分となったように、みえみえの「口封じ逮捕」だった。

飛んで火にいる夏の虫

それにしても、なぜ警視庁は中川を逮捕できたのか。そこには巧妙な仕掛けがあった。
話は四月二日にさかのぼる。大塚から武富士株の空売りを持ちかけられた会社役員・江馬自由が、不動産会社社長・坂下忠男に豊島区内の同社で会い、「中川資料を公開すれば武富士の株価が下落するので、武富士株を空売りすれば儲かる」と持ちかける。すると坂下は、それほどの資料なら武富士に買い取らせた方が得策と考え、知人を介して武富士常務の佐々木理に連絡。七日に資料の一部のコピーを受け取り、大塚と江馬に「わしは武富士を生かすやり方で行きたい」と「和解金」をとることを提案。翌日、坂下の会社を訪れた武富士の佐々木と法務課次長新井世源に資料を見せた。武富士は警察に駆け込む一方、再度会うことになっていた一五日当日に約束を突然「延期」。新井が坂下に電話をかけ、「和解金額の目安」を執拗に尋ねた。

新井「こちらも腹づもりもあるので、だいたいの目安を教えてください」

坂下「一本だ」

新井「一億円ですか？」

坂下「そうだ」

このやりとりを、武富士側はＩＣレコーダーでひそかに録音。すぐさま新宿警察署に提出し、四月二二日には坂下と息子の忠明が逮捕。その共犯として大塚、中川らも逮捕されたのだ。

だが、武富士は前述したように三月時点で中川資料回収のための仮処分申請をし、大塚によれば、新井は中川資料の原本を回収するため、関西の暴力団関係者と接触していたという（二〇〇三年一〇月一七日、東京地裁での大塚証言）。とすれば、武富士がわざわざ中川資料の一部分のコピーでしかないものを金を払って買い戻す可能性は皆無であり、坂下との接触は中川資料に触れたものを恐喝にはめ込み、警察に一網打尽にしてもらうための策謀だったのではないか。

中川は恐喝未遂では不起訴となったものの、坂下親子も江馬も大塚も起訴され、大塚は実刑、他の被告は執行猶予付きの有罪判決を受けている（大塚は控訴したが再び有罪、他の被告の有罪は一審で確定）。だが、大塚の刑事弁護人も「武富士が坂下忠男を引っかけ、事件がつくられた」と公判廷で主張したように、「恐喝未遂」は人為的に作り上げられた疑いが濃厚だ。ちなみに、検察側のストーリーでは大塚も「武富士から和解金をとる」という坂下の話を了承したことになっているが、大塚は真っ向から反論し、その場で止めたとしている。

「資料を武富士に返しても、広くマスコミに渡っており、今さら（報道は）止められない。武富士相手にそんな話は通用しない。武富士に持ち込んだら、飛んで火にいる夏の虫のように警察に捕まる。彼らに逆らった人間は殺されたり、バットで叩かれたり、別件で逮捕されるのだから」

フィクサーとして危ない橋を渡ってきた大塚が、二〇〇三年一一月七日、東京地裁の刑事公判で語ったこの話にはリアリティがこもっていた。「殺された」というのは、武富士が子会社「徳武」を使って京都駅周辺で繰り広げた地上げで、対立した同和団体幹部が銃撃され殺された事件をさす（ただし犯人は不明）。「バットで」というのは、最初武富士のために動きながらその後裏切りファックス通信で同社を攻撃したジャーナリスト・堀川健三が九五年一二月、暴漢に滅多打ちにされて重傷を負った事件のことだろう。これまた犯人は不明だが、前出の藤川は二〇〇二年四月二五日、東京高裁で「武井の指示で後藤組が動き堀川を襲撃した」旨証言している。因果関係はわからないが、襲撃の八カ月後、堀川は四九歳の若さで逝去した。

こうした認識をもっている大塚にとって、のこのこ武富士に資料を持っていって金を求めれば手が後ろに回るのは自明の理だった。不起訴になった中川逮捕が不当な口封じだったことはもちろんだが、「恐喝未遂事件」自体非常に疑わしい。

ホームページの特設コーナー

この「事件」と中川逮捕を、武富士はフルに活用した。

中川らの逮捕当日、武富士ホームページに「当社恐喝未遂事件・報酬金・損害賠償請求事件及び一連の報道に対する当社の見解」という異様なコーナーを特設。「弊社元社員中川一博逮捕および同人への告訴について」と題する声明を掲載し、「今回の事件は、中川一博容疑者が、金品を脅し取ることを目的として、当社の社内情報に不正にアクセスして窃取した内部資料を、『情報フィクサー』と目される人物等が巧妙に悪用し、一部雑誌メディアを巻き込んだもので、一大企業恐喝事件と判断せざるを得ません」と言い立てた。これが、三宅と『週刊金曜日』を訴えた名誉毀損訴訟でいうところの「三方向からの攻撃」の一環というわけである。

五月二七日、山岡が盗聴で武井保雄を刑事告訴し、三〇日に記者会見を開いて発表すると、武富士はホームページで山岡に激しい誹謗中傷を加えた。

会見前日の二九日の「記事」はこんな具合だ。

「そもそも山岡は、当社の独自調査によれば、当社恐喝未遂事件で逮捕された元社員中川が盗み出し改竄した情報を、事件師グループに切り売りすべく奔走した人物です。山岡は当社恐喝未遂事件への直接的関与が噂される人物であり、当社としては刑事的訴追も検討中の人物であります。記者会見は、そうした山岡が警察による刑事責任の追及を逃れようとする見え透いた茶番劇であることは、メディア関係者が指摘するところであります」（一部略）

「お前らは銀バエだ！」

盗聴の加害者が被害者を「刑事訴追」で脅かすのだから、まったくめちゃくちゃな話だ。会見当日、武富士は山岡を誣告罪（虚偽告訴罪）で告訴する。誣告罪とは他人を罪に陥れるためにウソの告訴をすることだ。さらに会見二日後の六月二日には「記者会見は犯罪行為に加担する誹謗・中傷」とする記事をアップしている。そうした攻撃が功を奏したのだろうか。会見にはおもな新聞、テレビ、雑誌の記者ら一〇〇人が詰めかけたが、報道したのは『夕刊フジ』（ネット版）のほかは共産党機関紙『しんぶん赤旗』と社民党機関紙『社会新報』だけ。

しかも会見一週間前の五月二三日には、山岡は警視庁新宿署の取調室に参考人として呼ばれ、捜査主任の刑事から「お前らは『中川資料』というカネのなる木にたかる銀バエだよ」という屈辱的言辞まで浴びせられている。あたかも、中川資料という見てはならないものを見てしまった者を一人残らず社会的に葬り去る陰謀が着々と進んでいるかのようだった。

山岡はこの攻防を著書『銀バエ　実録武富士盗聴事件』（創出版）で、「山岡・寺澤・野田連合軍VSナチスならぬ『武富士サラ金帝国』を主体とした、新宿署も加わった枢軸国」の戦いに見立て、次のように描いている。

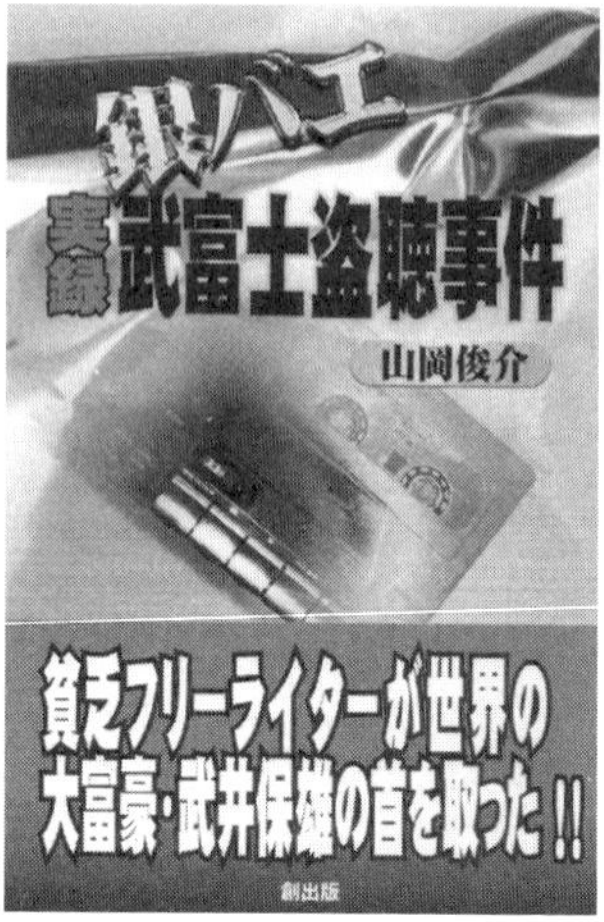

武富士盗聴事件の内幕と同時にフリーライターの心意気を描いた、山岡俊介著『銀バエ』

実際の歴史同様、わが連合軍側は戦争開始当時、実に劣勢だった。特に山岡は逮捕（占領）寸前で、大空襲を連日受け、焼け野原状態の英国のような状況だった。

寺澤は当時、こんな感想を何度も口にしている。

「山岡さん、本当に危なかったね。（参議院の）委員会で武富士と警察の癒着が追及されなかったら、多分、山岡さんは逮捕されていたよ。本当、運が良かったですよ」

私はそれはあまりに穿った見方だと思う。ただし、結果として、「警察が血を流した」事実はものすごく大きな意味を持っているのは間違いない。

警察が血を流した

「警察が血を流した」というのは、こういうことだ。五月二二日の参議院特別委員会で宮本、福島ら野党議員は、中川逮捕にも動じることなく、武富士と警察との癒着、違法な情報交換や贈収賄疑惑に切り込んだ。そして集中審議後の総括質疑で、宮本は、首相小泉から「調査し国会に報告する」という決定的答弁を引き出した。何度も審議を止め、厳正な調査を要求した宮本ら野党議員、理事らの努力の賜物だった。

いくら言葉の軽い小泉といえども、国会での首相答弁は重い。警察庁は調査せざるを得なくなり、約二カ月後の七月一七日、調査結果を報告し三警官の処分を発表した。武富士からビール券を四〇〇枚ももらっていた警視正の武田三郎は警視総監訓戒のうえ、地方公務員法（守秘義務）違反で書類送検（その後はなぜか起訴猶予に）。武田は送検と同時に辞職に追い込まれた。新宿署巡査部長の関根（ビール券四〇〇枚）は戒告、警視の久保田利文（ビール券三〇〇枚）は警視総監訓戒とされた。また武富士は、消費者金融系信用情報会社ジャパンデータバンク（ＪＤＢ）から、融資の際の審査という本来の目的を逸脱して信用情報を流用（警察への不正漏洩）したとして、情報提供を一時停止する処分を受けている。

サラ金と癒着し、現金と変わらないビール券を大量に受け取り、犯歴というセンシティブな個人情報を違法に漏らした幹部警察官が首にもならないとは身内びいきの大甘処分もいいところだが、これを機に警察には「武富士の不始末のせいで身内が血を流した。許せない」という気運が高まり、盗聴捜査に拍車がかかったとされる。そのため、山岡は三警官が処分された七月一七日を、第二次世界大戦の「ノルマンディ上陸作戦」にたとえているほどだ（前出『銀バエ』）

たしかにこの時期、戦局を大きく左右する出来事が相次いだ。

六月四日には、中川の前任者で武富士渉外部長だった藤川が「武井から依頼されて暴力団との関係を体を張って修復したのに約束どおり報酬が払われていない」とし、四億円の支払いをもとめていた裁判で、東京高裁が藤川の訴えどおり武富士に四億円支払うよう命じる判決を言い渡す（武富士の上告が最高裁に九月一一日に棄却され確定）。この判決の事実認定で、武富士の株式公開に対する右翼団体の抗議活動を抑えるため、武富士会長の武井保雄らが稲川会系の右翼団体や山口組系暴力団などに収拾を依頼。別々の団体に話を持ち込んで事態がこじれ、闇社会と抜き差しならない関係が生じたことが白日の下にさらされた。

勾留理由開示

その五日後の六月九日、東京地裁で中川の勾留理由開示公判が開かれた。勾留理由開示とは、警察署の留置場（代用監獄）や拘置所に身柄を拘束されている被疑者が、捕まっている理由を裁判官に明らかにさせる手続きだ。

悪いことをして逮捕された奴は鉄格子から出られなくて当然と考えられがちだが、戦後憲法下では、逃亡や証拠隠滅の恐れがないかぎり被疑者や被告人の身柄を拘束してはならないし、そもそも有罪判決が確定するまでは無罪推定を受けるのが原則だ（ただしこの原則はないがしろにされ、本来例外のはずの身柄拘束がむしろ通例になっているのが実態だが）。

この勾留理由開示で、中川は「私の被疑事実である恐喝未遂についてては、まったく身に覚えのないことです」と逮捕、勾留の不当性を強調すると同時に、「会長」（武井保雄）の指示で盗聴をはじめとする違法業務に携わったことを次のように告白した。やや長いのだが、武富士による盗聴、言論弾圧についての重要証言であり、また時効にかかったため捜査当局が立件できなかった事件も含まれるため、主要部分を紹介したい。

私は、昭和五七年三月から平成一四年九月に退社するまで（株）武富士に約二〇年余勤務していましたが、その内平成六年一二月から平成一三年六月までの間、本社の渉外部あるいは法務部に在籍している時に、（株）武富士の武井保雄会長から、暴力団、右翼、総会屋、警察、ブラックジャーナリストらに対する対応を命じられ、合法、非合法を問わずトラブル案件の処理に従事してきました。武富士が店頭公開をめざし始めた頃、社内外のトラブル案件を処理するために渉外部を設置し、私がその課長に命じられた頃からです。武井会長からは、社員の犯歴調査、またジャーナリストや武富士の役員、退社した社員等に対し電話盗聴をして、その動向を監視し対応せよとの指示を受けておりました。特に、平成一二年から一三年にかけては、武井会長の直接の指示で、私自身いわゆる違法な電話盗聴による情報収集に関わって参りました。武富士において、武井会長の指示は、絶対服従すべき至上命題であり、逆らうわけにはいきません。前任者であった小滝國夫氏（元専務）は、犯歴調査や盗聴等の違法な業務を行っていましたが、武井会長の指示で、小滝氏が退職した後私がこれを引き継いでやるようになったわけです。

「耳の件」

中川の鬼気迫る陳述は、武井だけに向けられていたのではない。マスコミも取材にきている公開の法廷で真実を明らかにすることで、武富士と深く癒着しビール券漬けになっていた警視庁新宿署がもみ消しできないようにするという意図もこめられていた。陳述は「武井保雄会長の直接指示による電話盗聴と盗聴テープの存在」に及ぶ。

（1）私が（株）武富士の社員として盗聴に関わった期間は、平成一二年八月頃から平成一三年三月頃までです。この間に盗聴して電話のやりとりを録音したカセットテープとそのメモをみれば、盗聴時期及び盗聴対象者を特定できます。

前任者である小滝國夫氏が盗聴をしていた時期や対象者は分かりませんが、引き継ぎに際し、盗聴を請け負ったアーク横浜探偵局の重村代表から、小滝氏から依頼を受けて盗聴をした事実を聞いております。その経過がありましたので、私が引き継いだ後の仕事も重村氏に理解されすぐに取りかかってくれました。

（2）私が前任者の小滝氏から業務を引継ぐ際、武井会長の秘書であったN氏（故人）から、業務依頼をする業者が記載されたB５版の一覧表を渡されました。これには、人事関係の調査（犯罪歴や思想など）を依頼する業者など、依頼業務ごとに専門分野が記載されていました。

私は、この一覧表に基づいて、武井会長から指示された調査業務をこれらの業者に依頼して行ってきました。電話盗聴依頼する業者は、アーク横浜探偵局（横浜市中区）だけでした。武井会長から指示された電話盗聴は、私を通じて依頼されたこの業者が直接的には盗聴対象者宅に装置を仕掛け、盗聴録音をしてそのテープを私のところに届けてくるのです。

この業者一覧表は、今回新宿警察署が私の離婚した妻の自宅から押収した「ファイル四冊」の中に、受け取った日付けを記載して閉じてあります。アーク横浜探偵局には調査費用を支払いますが、「企業調査費用」として武富士社内の稟議書で決済《ママ》を受けておりますし、その稟議書やアーク横浜探偵局の領収書の写しについても押収されたファイルに綴じられております。
（3）盗聴対象は、武井保雄会長から私に直接指示があります。私が会長から指示されて電話盗聴を業者にさせた対象者は計六名です。その盗聴理由、目的は、武井会長の思惑ですので正確には分かりませんが、（株）武富士あるいは武井会長や息子らを批判するジャーナリスト関係者（山岡俊介、Sスタッフこと高尾昌司、中川一政）や、武井会長の強い猜疑心から社内の危険分子と見られた社員や退職した社員（近藤常務、H、藤井龍）です。

武井会長と私との間では、電話盗聴の事実を社内で公にするわけにはいきませんので、電話等の連絡をとり合う際の隠語を取り決めてあり、「耳の件」ということにしていました。会長の決裁を求める決済《ママ》申請書も秘書を通じて提出するものですから、盗聴の事項については「耳の件」と記載しました。あるいは、会長のいる「決済《ママ》室」に入る時も、セキュリティを解除してもらう必要があるので、用件は「耳の件」というようにしたり、電話をつないでもらう時も同じです。

電話盗聴をした結果については、西新宿のビルの一一階にある会長室（「決済《ママ》室」と呼んでいます）に届け、会長と私の二人だけでテープを回して聞き取ります。そのうえで、盗聴を継続するか、中止にするかの具体的な指示を武井会長から直接受けます。盗聴による情報収集途中の時でも、テープの切り替え交換の際に業者から届けられた盗聴テープを私が聞きとって、その内容や成果を武井会長に電話や書類などで報告します。その際に「耳の件」との符丁を使って連絡するのです。盗聴から得た情報の扱いについて、武井会長からは、広報部の佐々木に対し「第三者から得た情報」として伝えておくように指示されることもあります。

これらの盗聴テープは、武井会長から聴取し終わったものは、他の調査資料と同様に、全て破棄するように包括的に指示されていました。

自社の常務まで盗聴

では、誰を、いつからいつまで、どこで、どんな理由で盗聴したのか。中川の陳述では次のようになっている。

（1）近藤光（当時　武富士常務取締役）
盗聴期間　平成一二年（二〇〇〇年）八月三日〜同年八月二二日
盗聴場所　東京都杉並区内の近藤宅
理由　営業統括本部長の立場にあった近藤光について、その下の本部長であった武井会長の二男武井健晃の周辺で、近藤批判があり、また当時インターネット上で武富士や健晃本部長を批判する内容が流されていたことから、近藤がその首謀者と疑われた。

（2）H（武富士元社員、千葉支店）
盗聴期間　平成一二年八月一七日〜同年八月二一日
盗聴場所　千葉市内のH宅
理由　上記インターネット情報を流したのがHの仕業と判明したため、その情報を収集した。
その結果、Hは懲戒解雇となった。

（3）藤井龍（当時　武富士丸亀支店長）
盗聴期間　平成一二年九月一日～同年九月一四日
盗聴場所　広島県福山市内の藤井の実家
理由　営業統括本部長であった武井健晃が、部下のNを同行して丸亀支店の業務指導に行った際にNが起こした藤井への暴行事件について、藤井が告訴したためNが逮捕された件について、武井健晃の要請を受けた武井会長から電話盗聴による対応を命じられた。
（4）山岡俊介（ジャーナリスト）
盗聴期間　平成一二年一二月一四日～平成一三年二月二四日
盗聴場所　東京都世田谷区内のマンション（山岡宅）
理由　山岡が雑誌『財界展望』や『宝島』に武富士に対する批判的な記事を執筆掲載したことの影響により、武富士の株価が大きく下落したため、経営上の不安感が生じた。
（5）Sスタッフこと高尾昌司（ジャーナリスト）
盗聴期間　平成一三年一月二三日～同年二月一四日
盗聴場所　東京都港区内のビルの五階にあるSスタッフ事務所
理由　武井会長の長男武井俊樹（当時武富士専務）が香港で株取引による多額な損失を出した旨マスコミ報道された件で、Sスタッフが実際に取材調査に香港に出向いたとの情報があり、その動向を監視するよう命じられた。

なお、ここでいう「盗聴理由」はあくまで武井がそう思い込んだということであって、必ずしも客観的事実ではない。中川は最後に「その他に、『財界展望』の編集者である中川一政に対し、上記山岡とほぼ同時期に電話盗聴を仕掛けたことがありますが、通話記録がなかったのでテープを保存しなかった件があります」と付け加え、迫力に満ちた意見陳述を締めくくった。

七人の弁護士

中川の渾身の意見陳述を踏まえ、六月一三日、宇都宮健児を代表とする弁護士グループが東京地検に告発状を提出した。告発されたのは、武富士とその会長・武井保雄、アーク横浜探偵局の代表・重村和夫。罪名はもちろん電気通信事業法違反（盗聴）である。

返り血を浴びることを恐れず、告発状に名を連ねた弁護士は、宇都宮のほか、木村達也、新里宏二、伊澤正之、木村祐二、三上理、酒井恵介。この告訴を、『週刊文春』（六月一九日号、発売は告訴前日の一二日）は前打ちで大きく報じた。

もちろん武富士は猛反発する。中川の告発を「（武井会長の）恩を仇で返す卑劣なもの」となじり、『週刊文春』には「情報の検証を放棄し、あろうことか犯罪者を正義の内部告発者に仕立て上げようとする態度には言葉を失うばかりです」と非難。また弁護士グループに対しては、「グループには刑事訴追された弁護士がいる」と事実無根の主張をし、宇都宮らが「身内に甘く他人に厳しい」と言い立てた。武富士の言い分には、中川の告発に端を発する社会的批判、追及の高まりへの焦りと苛立ちがむき出しになっていた。

すすむ行政庁の調査

その頃、佐々木憲昭の国会質問に厚生労働省や金融庁が答弁していた大阪労働局、関東財務局などの立ち入り調査も、ようやく実を結びつつあった。

七月二九日、大阪労働局が従業員への残業代未払い（労働基準法違反）で武富士を書類送検。武富士はそれに先立ち、従業員と退職者あわせて約五〇〇〇人に総額三五億円の残業代（同社計算）を一方的に払い込むことで、起訴猶予に持ち込むのがやっとだった。「サービス残業」問題は二〇〇三年の日本を騒がせたトピックスだったが、「三五億円」はその時点での違法な残業代未払いのワースト記録を更新するものだった。

八月一日、今度は関東財務局が武富士守口支店を一五日間の業務停止処分にした。債務者が調停を申し立てたのに、その連絡を受けた後も一週間にわたって電話などで繰り返し取り立てを行い、債務者を困惑させ、債務の一部を弁済させたというのが理由だ。武富士側がシラを切るなか、金融当局の執念の調査が違法業務のシッポを捕まえた格好だった。

武富士についた人権派弁護士

前述したように武富士は、二〇〇三年三月に三宅と『週刊金曜日』を訴えたのに続き、四月には『武富士の闇を暴く』（執筆者の三弁護士と出版元の（株）同時代社）を、五月には『週刊プレイボーイ』（（株）集英社、編集長、ジャーナリスト寺澤有）を、七月には『月刊ベルダ』（（株）ベストブック、編集長、山岡俊介）を、さらに八月には月刊誌『創』（（有）創出版、山岡俊介、野田敬生）を相次いで訴えていた。

その様子を、『創』編集長の篠田博之はこう書いている。

「本文にもある通り武富士から提訴されました。大手マスコミには広告出稿で、中小メディアには圧力を加えて批判を封じるということの会社の思惑に従うわけにはいかず、受けて立つことに。この間提訴された他誌はもちろん、被害対策全国会議の弁護士らと共同戦線を作り、一斉反撃にでようかという話も出ています。訴訟の弁護人も、『ベルダ』裁判では安田好弘弁護士が媒体側に、『週刊金曜日』裁判では何と武富士側に弘中惇一郎弁護士がついていたりと、辣腕の顔ぶれが錯綜し、既に乱戦模様」（『創』二〇〇三年一一月号「今月の編集室から」）

安田は、冤罪弁護に取り組み死刑廃止に尽力してきた人権派弁護士だ。オウムの教祖・麻原の主任弁護人をしていた九八年一二月、顧問先企業の資産を隠し住専管理機構の債権回収を妨害したという罪をデッチ上げられ逮捕、起訴されたが、〇三年一二月、東京地裁で無罪判決をかちとっている。その安田が反武富士側なのは自然だが、弘中も、薬害や報道被害の救済に取り組み、自由人権協会の代表理事もつとめる有名な人権派弁護士だ。報道関係の市民集会などで同席することもあった篠田は、弘中が武富士側についたのが意外だった。

香川にはいない人たち

三宅と『週刊金曜日』の裁判に話を戻そう。

六月二六日、「武富士残酷物語」をめぐる名誉毀損訴訟の第二回口頭弁論が開かれた。武富士側が「聴覚障害者からの取り立て」に加え、「小学生待ち伏せ」「社員残酷物語」「『家族なら借金払え』裁判」も名誉毀損だとして損害賠償請求を一億一〇〇〇万円に増額したのをうけ、裁判長福田剛久と武富士代理人弘中惇一郎の間でこんなやりとりが交わされた。

裁判長　損害賠償の請求はこれでおしまいですか。

弘中　ええ、連載が続かないかぎり。

記事を載せたら全部訴えるということなのか。三宅も、香川から傍聴に駆けつけた山崎も憤慨した。行動派の山崎は、すでに香川で「武富士裁判を支援する会」を結成していた。核になったのは三宅が山陽新聞高松支社時代に付き合っていた住民たちで、多くが『週刊金曜日』さぬき読者会のメンバーだった。

山崎が上京した目的は傍聴のほかにもう一つあった。口頭弁論前日に東京・神田の岩波セミナールームで開かれた「第一三回週刊金曜日ルポ大賞受賞を祝う会」への参加である。新聞、テレビ、出版、広告で働くジャーナリストの職能団体、日本ジャーナリスト会議（ＪＣＪ）の有志らが企画したパーティに受賞者として招待され、行ってみると、フリーのジャーナリストたちで賑わっていた。

司会者にもとめられ、三宅が武富士に訴えられたことを話すと、「明日はわが身だ」と強い反響があった。寺澤も発言、野田も会に駆けつけ、さながら武富士とたたかう記者の集いのようだった。

これがフリーのジャーナリストなの。香川にはいない人たちだわ。山崎は、妙なことに感心しながら、仕事で競い合っている記者たちの間の友情を感じた。この会が、後に、東京で三宅の裁判を支援する会が結成される出発点になった。

記事を細切れにする「争点整理」

法廷外では白黒が次第にはっきりしていったが、法廷内では難しい局面が続いた。『週刊金曜日』をめぐる訴訟を担当した東京地裁民事三〇部の裁判長・福田剛久（その後最高裁調査官）は、医療過誤訴訟のプロフェッショナルだった。

医療訴訟同様、この名誉毀損訴訟でも事細かな「争点整理表」を作り、名誉毀損にあたる記述、公共性、公益目的の有無、取材経過、それへの反論などを、原告・被告双方に表に記入させて争点整理を進め、最後に証人尋問をして勝敗の心証をとる、というのが福田流の訴訟指揮だった。合理的な方法にも見えたが、医療過誤が疑われ患者や遺族から訴えられた医療機関の側に報道機関を置いて立証責任を課している上（それ自体は残念ながら名誉毀損訴訟の実務では通常の方式）、全体として一体のルポルタージュ作品をばらばらに寸断し、部分部分を切り離してその真偽を問うという方式はジャーナリズムに不利だった。

何だこの裁判は。ルポ作品という料理をミンチにして、一カケラごとに顕微鏡であらを探すようなやり方で、報道の価値がわかるのか。私は、訴訟指揮に強い違和感をもった。だが、こうした審理の進め方は名誉毀損訴訟では普通のようで、『週刊金曜日』の顧問弁護士らは、裁判所の設けた土俵に乗って、細分化された争点ごとに淡々と真実性を立証するという教科書どおりの対応をとった。しかも、ほとんどの争点について三宅が取材した対象者に弁護士がもう一度会って事情を聴き直すという膨大な作業を重ねた。

平気でウソをつく

再調査の成果は大きかった。三宅の取材が一つひとつ裏付けられていったうえ、武富士の主張のウソが次々に判明したからだ。

たとえば宮坂の息子を小学校で待ち伏せたとされる件について、武富士は「小学三年生の児童が下校時に名札をつけていることが一般的とは思われない」と主張した（原告・第三準備書面）。小学生は下校の際に名札など付けていないから、武富士の社員が待っていたとしても誰が宮坂の子なのか見分けがつかないという趣旨だろう（そう理解しなければ裁判上意味のない主張となってしまう）。そこで三宅が、名札を扱っている文房具店に問い合わせると、児童は全員、三〇年前から同じデザインの名札を付けていたことがわかった。東京地裁民事三〇部も独自に調査したが、同じ結果だった。武富士は「このことは極めて容易に調査可能である」と言い立てながら、自らは「極めて容易」な調査を怠り、適当なことを言っていたのだ。

武富士は、「（三宅の）記事は『社員は廊下に出た』とするが、廊下のあるような支店はない。すべてが作り事である」とも主張したが、三宅と代理人弁護士が現場である大阪の布施支店に赴くと、やはり廊下はあった。その写真を証拠提出すると、武富士は廊下の存在をしぶしぶ認めた。

衆議院財務金融委員会でも追及された、従業員への債務保証強要についてはさらに噴飯ものだ。武富士の広報部長（当時）・石原勝一郎が、『東京新聞』の取材に答え、「債務保証書を社員との間で交わしていた時期はある。これは、社員が規則違反を繰り返すのを防ぐのが目的だった」（二〇〇三年九月一〇日付）と存在を認めるコメントをしながら、裁判では平然と「社員に対して連帯保証させた事実はない」とのたまったのだ。

「『家族なら借金払え』裁判」のうち、武富士が「すべて虚偽」と決めつけた宮崎のケースについては、被害者が武富士を訴えた損害賠償請求訴訟で被害者側が勝訴的和解をかちとり、武富士が名誉毀損の主張そのものを取り下げるありさまだった（二〇〇四年三月二四日の進行協議）。

だが、再調査の段取りはすべて三宅がとり調査にも同行する。交通宿泊費はもとより、そのためにとられる時間は膨大で、他の仕事が手につかなくなった。武富士は精神的に苦しいと睨んだ被害者に対して「虚言癖があるか、あるいは、通訳を通じてのコミュニケーションに障害がある」（原告側第一準備書面での聴覚障害者の女性に対する指摘）などと人格攻撃をかけたため、何人かの取材対象者はこれ以上裁判に巻き込まれるのをしり込みするようになっていった。

5　逮捕

記者会見への潜入者

二〇〇三年九月二二日、盗聴をはじめとする武富士の違法業務を告発した中川一博の第二回公判が東京地裁で開かれた。ちなみに刑事裁判の法廷を公判、民事裁判のそれを口頭弁論と呼ぶ。中川はデッチ上げだった恐喝未遂こそ不起訴処分となったものの、武富士から持ち出した資料を大塚万吉らに引き渡したことが「業務上横領」にあたるとして起訴されていた。

横領といっても、中川が持ち出したもののほとんどはそれ自体財産的価値のない書類やそのコピーである。価値があるとすれば、それは武富士の違法業務を暴くものだからだが、犯罪の証拠は法的保護に値しないはずだと弁護人の清水洋、山本政明らは無罪を主張した。業務上横領での起訴は、極秘資料持ち出しを、つまりは内部告発を罰そうとする理不尽なものだった。

公判後、東京地裁・高裁のビルの二階にある司法記者クラブで、中川の弁護人が会見を開いた。弁護士と記者との質疑が一段落したとき、野田が切り出した。

「報道の自由に関わる問題なんですが、このなかに武富士の関係者が潜入しています」

野田が指差したのは、入り口近くで克明にメモをとっていた恰幅のいい、黒いスーツの若い男だった。「所属をいえよ」と声があがると、男は大きな声で「はい、武富士です！」。記者たちは騒然となった。男は記者クラブの幹事社だった共同通信社会部記者に「広報部係長・板井健太郎」

という名刺を差し出し、事情聴取に応じた。

盗聴という違法な情報収集が問題になっている記者会見に無断侵入し、情報を収集していたのだからあきれる話だ。司法記者クラブは直ちにクラブ総会を開き、武富士に口頭で厳重に抗議。同社は「二度としない」と回答したものの、「フリーライターなども多数入っていたので、問題があるとは思わなかった」（広報部長・石原勝一郎）などと言い訳した。実は板井は、山岡が盗聴を告訴した際の記者会見にも「学生です」などと身分を偽って参加、問答を記録していた。武富士の非常識ぶりが垣間見える出来事だった。

心の眼

この出来事を、野田は自らの発行するメルマガ「公安情報ＥＳＰＩＯ！」（二〇〇三年九月二三日付）でこう伝えている。

ところで、どうして筆者は板井氏が武富士社員であると見破ることができたのか。それが今を遡ること五月末当時に開かれた、山岡氏による盗聴告訴会見における、ホンのちょっとした「違和感」であったことは以前にも触れた。あるいは「直感」と言ってもいい。筆者の視力は極めて弱いが、心の眼が啓いているので、どんなに遠く離れていても、どんなに姿、形を変えようとも、必ず対象者を発見できるのだ。

〈参考〉フランスの、科学的犯罪捜査法を教える学校が掲げる箴言《しんげん》

「眼は、それが探し求めているもの以外は見ることができない。探し求めているものは、もともと心のなかにあったものでしかない。」

たとえ無意識の中でも、怒りと執念をもって、絶えず「対象者」を追跡しているので、どんなに時間がかかっても、いつか必ず見つけだすのである。スパイはいかに臭いを消したつもりでも、必ずスパイのアウラ（前兆）を発散させている。——内外のエージェントたちは、あらためて我が索敵技術の精髄に震撼し、しのびよる筆者の巨大な影に戦慄することであろう(笑)。

私が野田に「心の眼が開いている人は違うねえ」と言うと、「いやあ、あれはしゃれですよ」と照れていたが、野田の眼力にしばしば感嘆させられたのは事実である。もっとも武富士が報道機関なら、相手の懐深く潜入し情報をとった板井の「取材」は果敢なジャーナリスト精神の発揮として称賛されたかもしれない。

審理をめぐる激論

多重債務者救済に取り組んできた今、新里ら弁護士グループが書いた『武富士の闇を暴く』をめぐる名誉毀損訴訟にもふれておこう。今らが三宅の一番の取材協力者にしてアドバイザーでもあったため、この訴訟の争点は『週刊金曜日』に三宅が書いた記事をめぐる名誉毀損訴訟とほぼ重なっていた。原告＝武富士側代理人はともに弘中惇一郎らだったが、被告側の裁判への取り組み方は大きな違いがあった。『闇を暴く』を書いた弁護士らは、「この裁判は単なる名誉毀損訴訟ではない。大企業による言論弾圧であり弁護士業務妨害だ」と考えた。そうした認識のもと、訴訟の社会的意味を裁判所に強くアピールするため大弁護団を組み、第一回口頭弁論では新里が、第二回には今が意見陳述に立ち、準備書面でも武富士商法の問題点と同社による提訴の不当性を正面きって訴えていったのだ。

そのため、武富士と今、新里らとは、『闇を暴く』の個々の記述が真実かどうかに先立って、「裁判をどのように進めていくか」をめぐって激しく火花を散らすことになる。

九月三日の第二回口頭弁論では、武富士代理人の弘中が、当日予定されていた今の意見陳述に「現時点でこのような陳述は許されない」と主張。被告側弁護団長の澤藤統一郎の「問題の背景事情を明らかにし、正確で迅速な審理に資する」という反論をうけて、裁判長の前田順司が武富士側の異議を却下し、無事陳述は行われた。

犬は水に落ちたか?

一一月一四日の第三回口頭弁論では、さらに対立が激化した。被告側が準備書面で「原告（武富士）が密かに行ってきた違法行為の数々が、今日白日の下にさらされようとしている」と指摘すると、武富士は準備書面で「意味のない主張であり、陳述が許されるべきでない」と猛反発、「（本の個々の記述が正しいという）真実性もしくは相当性の主張がなされないのであれば……弁論を終結していただきたい」とまで述べた。

裁判長の前田は一四日の口頭弁論で、具体的立証に入る前に結審せよという武富士の主張はさすがに退け、双方の準備書面の陳述を認めた。それを受け、被告側弁護団の釜井英法が立った。

「きょう、武富士本社に強制捜査が入りました。本書の公共性はいっそう明白になりました」

釜井が興奮気味に述べると、弘中は苦虫を噛み潰したような表情で小首を傾げた。折りよく、裁判の直前、警視庁捜査二課が電気通信事業法違反（盗聴）容疑で武富士本社と関係先に家宅捜索に入ったのだ。武富士は「当社は、中川の元勤務先として捜索された（だけ）」というとぼけたコメントを発表したが、疑惑の中心に武富士のドン、武井保雄がいることは誰の目にも明らかだった。だが、強制捜査が武井にまで迫れるかどうかは、意見が分かれていた。

翌一五日、武富士問題に取り組む弁護士らと、武富士から訴えられたり取材を進めてきたジャーナリストらが四谷に集まり、武富士対策連絡会議を結成。弁護士の宇都宮健児が代表に選ばれた。『闇を暴く』弁護団の中心を担う、仙台の弁護士・山田忠行は言った。

「中国の諺にあるように、水に落ちた武富士を撃とう」

私は反論した。

「武富士はまだ水に落ちていない。落とすには捜査頼みでなく、私たちがもっと追及しなければ」

弁護士らは武井逮捕が目前に迫っていると見ていたが、武富士と警視庁との癒着の深さから、ジャーナリスト側にはそこまでいかずに幕引きされるのではという悲観論が強かった。

ともあれ、これまで別々に裁判や取材に取り組んできた者たちが一同に会し、手を携えた意味は大きかった。裁判を進めるうえで情報交換をする。声明や経団連への申し入れなど、可能な範囲で共同歩調をとる。反訴（同一訴訟内で被告が原告を訴え返すこと）を検討するなどが、この日、申し合わされた。その後、温度差をはらみながらも弁護士とジャーナリストは毎月のように会合を重ね、情報や意見の交換を重ねていった。

熊本でのシンポジウム

一一月二三日、羽田空港の出発ロビーに三宅の姿があった。全日空便に乗って、熊本に向かうためだ。さわやかな秋空のもと、熊本市で第二三回全国クレ・サラ・商工ローン・ヤミ金被害者交流集会が開かれた。交流集会は、高利貸しに苦しめられている被害者と、被害救済に取り組む弁護士、司法書士、被害者団体スタッフが毎年一回集まる大イベントだ。

この年は長野から知事の田中康夫が駆けつけるなど例年にもました盛会で一五〇〇人が集ったが、三宅はメイン企画のシンポジウム「武富士問題と多重債務社会」でパネラーに呼ばれていた。パネラーはほかに弁護士の新里、武富士元丸亀支店長で盗聴被害に遭った藤井龍、地元熊本でサラ金被害者の会の事務局長をつとめる吉田で、司会はテレビでもおなじみのジャーナリスト・大谷昭宏。武富士本社にガサ（家宅捜索）が入った直後とあって、マスコミの関心も高かった。

ノルマに追われたあげく、上司に暴行を振るわれ、訴えるとヤメ検弁護士に脅され挙句の果てに盗聴される。藤井が体験を話すと、参加者は固唾を飲んで聞き入った。武井はまるで「どこかの国の将軍様」みたいだ。そう感じた大谷は、コラムにこう書いている。

こんな会社が日本では一部上場、そしてトップクラスの経済団体に入っている。マフィアが企業を牛耳っている一部の国々を笑ってなんかいられない状況なのだ。

だけど悲しいかな、私が身を置くマスコミ界でも、あの金貸しと何の縁もない武富士ダンサーズのＣＭ。事件が起きて武富士のＣＭだけは一部自粛されたとは言え、武富士をはじめサラ金業界の年間総ＣＭ料は七百億円。不況の中、こんなおいしい業界はないとテレビも新聞も雑誌もダボハゼのごとく食いついているのが業界の実態なのだ。

そんな中、今年もサラ金に追われ、ヤミ金に追い込まれた人々の自殺が相次いだ。私はトークの終わりにこう問いかけた。お金があれば人は何をしてもいいのですか？　お金になれば人は何をしてもかまわないのですか？

（「大谷昭宏の熱血ジャーナル」『しんぶん赤旗日曜版』二〇〇三年一二月七日号）

校了直前の大ニュース

お金になれば何をしてもいいのか——。その答えを出すときが近づいていた。

一二月二日のお昼過ぎ、私の携帯電話が鳴った。知り合いの全国紙社会部記者からだった。

「武井が警視庁に呼ばれてるみたいなんだけど、なんか知らない？」

すぐにテレビのスイッチを入れ臨時ニュースが見られるようにしてから、確認をとるべくいくつか電話していると、ＮＨＫが「武井逮捕」のテロップを流した。

この日はたまたま、『週刊金曜日』が校了する火曜日だった。校了というのは原稿がすべて確定し、印刷にまわすことだ。すぐにスペースをとって記事を書かなければ、このビッグニュースが落ちてしまう。他の雑誌ならいざ知らず、返り血を浴びながら武富士追及を続けた『週刊金曜日』から、武井逮捕の記事が落ちていいはずがなかった。

三宅の携帯に電話すると、「外にいてニュースも見られず原稿は書きにくい。そっちで書いてくれないか」。そこで編集部に電話しスペースを確保、大慌てでパソコンのキーボードを叩いた。

徒手空拳で「武富士の闇」に立ち向かった貧乏ジャーナリストと弁護士に向かって吹き荒れたアゲンストの風は、ようやくフォローの風に変わった。三宅のもとにも、取材依頼と出演依頼が殺到する。ざっとこんな具合である。

一二月四～五日　新聞労連勉強会（岡山市）

一二月六日　武富士問題を告発する緊急シンポジウム（香川県高松市）

一二月一〇日　フリーランスのユニオン・出版ネッツの寄り合い（東京・神保町）

生出演した日本テレビ系の「さきどり！　Ｎａｖｉ」では、「武富士は悪の惑星」と口走って、知人の同局記者から「言いすぎだ」と注意される一幕もあった。同局「ザ・ワイド」、ＴＢＳ系「ブロードキャスター」、テレビ東京社会部にも協力。テレビ朝日系「ニュースステーション」に藤井龍が出演する際には、コーディネーターをつとめ、『東京新聞』などにもコメントした。

武富士本社デモ

だが何といっても、二〇〇三年の武富士追及のクライマックスは、寺澤が言い出しっぺの武富士本社デモだった。時機を得た提案に、弁護士や多重債務救済団体も乗った。寺澤はすぐにホームページを立ち上げ、賛同を募った。ジャーナリストにかぎっても、明石昇二郎、浅野健一、有田芳生、江川紹子、北村肇、谷口源太郎、矢崎泰久らが熱いメッセージを寄せた。

その頃、武井保雄の二男で武富士営業統括本部長だった武井健晃（たけい・たけてる）の「足りねーじゃん！」という罵声がテレビに流れていた。それぞれの支店の貸付額や回収額が営業目標に達していないことをなじる、健晃の決め台詞のようだった。罵声を浴びた支店長は、必死に「申し訳ございません！」と叫んでいた。野田は思った。これを使わない手はない。

急遽、何人かのフリーライター有志が新宿のカラオケボックスに集められた。『サンデー毎日』などで労働問題について健筆をふるい、三〇代ではめずらしく労働争議を経験したこともある安田浩一の音頭で、「足りねーじゃん」をもじったコール（デモの掛け声）の練習が重ねられた。狭いカラオケボックスに男ばかり。普通ならいかにもさえない光景だった。

先導者（安田）「武富士と警視庁はたりねえぞー」
一同「オー！」（そーれ）
先導者「たりねえじゃん。たりねえじゃん。『ビール券』が全然たりねえじゃん」
一同「もうしわけ、ございません！」
先導者「たりねえじゃん。たりねえじゃん。『ヤクザにお礼』がたりねえじゃん」
一同「もうしわけ、ございません！」
先導者「たりねえじゃん。たりねえじゃん。『ティッシュ』が全然たりねえじゃん」

武富士本社に迫ったジャーナリスト、弁護士らのデモ。プラカードの絵は著名なイラストレーター、マッド・アマノが提供した。

一同「もうしわけ、ございません！」
先導者「たりねえじゃん。たりねえじゃん。『武富士、捜査』がたりねえじゃん」
一同「もうしわけ、ございません！」
（一部略）

一二月一九日のデモ当日、奇妙なラップが武富士本社のある西新宿にこだました。カラオケボックスでの練習と、デモテープまでつくってホームページ上で事前公開し、デモ出発前にも練習した成果だった。皮肉が利いたラップは参加者に結構受けた。

ちなみにビール券は武富士が捜査情報の提供などの見返りに幹部警察官らに贈っていたもので、「ヤクザにお礼が足りない」は暴力団幹部らに揉め事の処理を頼みながら後になって謝礼をケチり、新たに揉め事を作り出す武井への皮肉だった。だが、もちろん一番足りないのは武富士捜査だ、癒着の反省もこめてしっかりやれ！　というのがデモ参加者の気分だった。

ビール券は受けとるのに

デモに先立つ集会では、寺澤に請われ「柄でもない」といいながら渋々実行委員長を引き受けた山岡俊介があいさつした。

武井逮捕後も水面下でつづくぎりぎりの攻防をわかりやすく説明した山岡は、あいさつを力強くしめくくった。

「武井会長が逮捕されても、まだ終わりではありません。武富士と警察とのつながり、闇社会とのつながり、解明しなければならないことはたくさん残されています。今日のデモも、お祭り気分ではなく、気を引き締め、今後、どうするべきかと問いかけながら、やっていきましょう」

武富士の元丸亀支店長、藤井龍は広島から、元天満駅前支店長の御木威（おんき・たけし）は大阪から駆けつけた。

「私が上司から暴行を受けたとき、ヤメ検（検察官出身の弁護士）が示談に来ました。『白いものが白いと思ったら大間違いだ。オレが動けば、白いものでも黒くできるんだ(無実の人間もデッチ上げで有罪にできる)』と脅されました。私自身も盗聴の被害者ですし、武富士の闇が徹底的に解明されるよう期待します」（藤井）

「私が労働基準法違反（残業代未払い）で武富士を刑事告発したときも、労働局や検察庁から何度も『取り下げてくれ』と言われました。そのたびに武富士のカネの力を感じてきました。私も全容解明のため、協力します」（御木）

新聞社と通信社で働く人たちの組合、新聞労連の委員長（当時）・明珍美紀は「個人情報保護法反対の運動でもフリーランスの方々と一緒にやってきました。今度は、そのフリーランスの方々が不当な弾圧を受けています。私たちも黙ってはいられません。ジャーナリズムの本質が問われています」とフリーとの連帯を表明。武富士と警察との癒着を繰り返し追及した参議院議員の宮本岳志も、山岡、新里らとともに横断幕を持ってデモの先頭に立った。

警視庁新宿署は、「道路の混雑」を理由にデモに武富士本社直前を右折するよう強制したが、一〇〇人のデモの意気は高かった。解散後も、山岡を先頭に有志が武富士本社と新宿署に申し入れを行い、新宿署では未だ捕らわれていた中川に届けと激励の声を張り上げた。新宿署は盗聴被害者と国会議員が出向いたにもかかわらず申し入れ書の受け取りを拒否した。申し入れを遠巻きにしていたデモ参加者から、すかさず声が飛んだ。

「ビール券は受けとるのに、申し入れは受け取らないのか！」

中川は恐喝未遂のデッチ上げこそ維持できなくなったものの、そのストーリーの名残ともいうべき業務上横領（武富士極秘資料の持ち出しと大塚への引き渡し）で再逮捕、起訴され、二〇〇四年の正月を新宿署の留置場で迎えた。それは自らに歯向かい苦汁を飲ませた者への警視庁の報復にも見えた。

6 苦戦

「反省」のアピール

「サラ金の帝王」武井の逮捕で、さすがの武富士も「批判はすべて力づくでつぶす」という強硬路線の転換を余儀なくされる。当初はあわよくば武井の不起訴を狙い、一二月一五日の起訴後は情状酌量を得るべく、「反省」をアピールするようになったのだ。

二〇〇三年一二月八日、武井はあれほど頑なに否定していた「盗聴指示」をあっさり自供し、面会した弁護士を通じて会長退任を発表した。この期に及んでなお、会長を解任することができないところに、社長（当時）の清川昭らの実権のなさが浮き彫りになった。

武富士と武井による「反省」のアピールは、一連の名誉毀損訴訟にも及んだ。武井起訴後、武富士は、①盗聴被害者・山岡俊介と月刊誌『創』、②武富士と警察との癒着を暴いた寺澤有、『週刊プレイボーイ』編集長と集英社、③ホームページ「闇富士」を作成した元従業員を相手に起こした名誉毀損訴訟で、和解を打診してきた。盗聴の犯人が被害者を訴えるなど無法な訴訟を終結させることは、武井の情状に直結していた。

武井の逮捕、自供後も、武富士の社長・清川らは「会社ぐるみではなく、武井と中川個人の犯行」などと詭弁を弄していたが、一二月二五日、会社としての武富士も盗聴（電気通信事業法違反）で起訴された。起訴状には、同社は「会社として」山岡宅を盗聴したと明記されていた。

批判つぶしのためには卑劣な犯罪も躊躇しない。武富士の闇が明らかになるなか、不当に訴えられたジャーナリスト、弁護士らは、連絡会議での話し合いを踏まえ、次々と反訴に踏み切った。

反訴というのは、「係属中の訴訟(本訴)の手続内で、被告から原告を相手方として提起する訴え」をさす(新堂幸司『新民事訴訟法(第二版)』弘文堂)。簡単にいえば、訴えられたものが訴え返し双方の訴えを併合して審理することで、債務不存在確認請求の訴訟に対し貸金返還を求めて反訴するといった形で用いられる。反訴の要件としては、①反訴の請求が本訴の請求またはこれに対する防御方法と関連するものであること、②本訴係属中、事実審の口頭弁論終結までで、反訴提起により著しく訴訟手続を遅延させることがないこと、が定められている(民事訴訟法一四六条)。報道をめぐる訴訟で反訴が行われた例は多くないようだ。だが、どんな不当な名誉毀損訴訟で報道側が完全勝訴しても、本訴しかしていなければ不当提訴によるダメージは回復されない。それでは悪徳企業の「訴え得」になってしまうと、不当提訴の責任を問い損害回復を図るために反訴し、法廷を「守り」から「反撃」の場に転じようとしたのである。

筆一本の信用

一二月二二日には、野田敬生が先陣を切った。一二〇〇万円の損害賠償を請求するとともに、毀損された名誉の回復のため主要紙への謝罪広告を求めている。野田の反訴状は、武富士による名誉毀損訴訟がフリーライターにとってどういう意味をもつのかを言い当てたものだった。

訴えられたフリーライターの負担の重さについて、「(野田は)不必要な応訴を余儀なくされることにより、自分の仕事の時間を割いて、弁護士への依頼、弁護士との相談、資料の収集等裁判準備に相当の時間をかけねばならず、言論活動に支障を来した。名誉毀損訴訟の一般の性質上、たとえ記事が真実であっても、その立証についての被告（反訴原告＝野田）の負担はきわめて過大である。また、弁護士費用などの経済的負担を強いられた」と説き、さらに重大な問題としてライターとしての名誉・信用の毀損をあげた。

「本件提訴により、あたかも反訴原告（野田）が杜撰な取材・根拠に基づいて記事を書き、他者の名誉信用を毀損する悪質な中傷を行っており、反訴原告のフリーライターとしての能力・倫理に問題があるかのような印象を与えられた。フリーライターは、資力もなく、いわば筆一本の信用のみで成り立つ職業であるから、その記事が中傷記事に過ぎないと決めつけられることは、その社会的信用を失墜させ致命的な損害となる」

一二月二六日には、山岡と創出版が三〇〇〇万円の損害賠償をもとめて反訴した。山岡らは反訴状で、武富士に自宅の電話を盗聴されたうえ、同社ホームページで名誉信用を毀損され、真実にもとづいて『創』に記事を書いたのに不当に提訴されて損害を受けたと主張した。

年が変わり、二〇〇四年の一月一五日には、『武富士の闇を暴く』の著者の三弁護士と発行元の同時代社も続いた。新里らは、「武富士による提訴は言論弾圧であり、正当な弁護士業務への妨害である」として武富士に反訴したうえ、同社との共同不法行為の責任を問い、武井保雄も提訴した。損害賠償請求額は三〇〇〇万円である。会社だけでなくワンマン経営者個人の責任も追及しようとしたことは、消費者問題を手がけてきた弁護士ならではの着眼だった。

強引な訴訟終結

ジャーナリスト、弁護士らの反撃に対し、武富士は一部訴訟を強引に終結させていく。武富士と警察との癒着を暴いた『週刊プレイボーイ』をめぐる訴訟の場合は、こうだ。

武井が起訴された四日後（二〇〇三年一二月一九日）、武富士は被告（寺澤、同誌編集長、集英社）に和解を申し入れる。年が明けて一月二三日、東京地裁民事一五部の書記官室で一回目の和解協議が開かれた。協議は、原告、被告双方が別々に裁判官に呼ばれる形で進められた。狭い部屋で、一般の傍聴はできない。ホームページでの誹謗中傷に対し、寺澤は山岡と一緒に刑事告訴していたが、武富士側は「和解金を払う」と表明。被告側は「この訴訟は武富士が言論弾圧の目的で起こしたもの。まず公式な謝罪を求める」とはねつけた。

二回目の和解協議は二月六日に行われた。武富士側は「本件和解金として、金□□□□万円（□は空白）の支払義務があることを認める」と冒頭に書かれた和解案を提示した。公式な謝罪については、またしても言及はない。

とことんカネで済まそうというのか。寺澤はあきれながら、集英社と共に「武富士はほかにも言論弾圧と見られる訴訟を起こしている。今後、これらにどう対応するのかも示してほしい」と要求した。その後の顚末は、寺澤自身の記事を引こう。

裁判所が次回の和解協議の日程を入れようとした時、武富士の弁護士が「和解は難しいようなので、請求を放棄します」と宣告した。これは……武富士の全面敗北を意味する。そうはいっても、司法制度が傍若無人なカネ持ちによりもてあそばれているかのようで後味が悪かった。我々が改めてジャーナリズムの力を示さなければ、武富士が心から反省し、変革していくことはないであろう。（『週刊プレイボーイ』二〇〇四年三月二日号）

「請求の放棄」とは聞きなれない用語だが、「請求の理由のないことを認めてもはやこれを争わない旨の、期日における原告の意思表示」（前出『新民事訴訟法（第二版）』）、つまり原告が被告の反論の正しさを一〇〇％承認し、訴えには理由がなかったことを自ら認める行為で、原告完全敗訴判決と同じ意味をもつ。理由もなく言いがかりで訴えたと自認するのも同然だから、訴訟の終結のうち〇・一％しかない、きわめて異例の結末だ。武富士はそこまでして、何が何でも訴訟を終わらせ、武井の情状を有利にしようと図ったのである。

『月刊ベルダ』をめぐる訴訟では、三月八日、武富士が謝罪し六五〇万円支払うことで出版社のベストブックと和解、三月二四日には山岡に対し、本訴請求を放棄し反訴請求を認諾することで、これまた強引に訴訟を終わらせた。認諾というのは、「請求を認めて争わない旨の、期日における被告の意思表示」（前出『新民事訴訟法（第二版）』）、つまり原告の訴えを被告が丸呑みすることで、訴訟の終結のうち〇・八％しかなく被告全面敗訴判決と同じ意味をもつ（ここでの被告とは、反訴で訴えられた武富士をさす）。

謝罪広告で「言論弾圧」認める

さらに『創』をめぐる訴訟では、三月二六日に山岡と創出版に対して本訴請求を放棄し、反訴請求を認諾。その少しあと、野田に対しても本訴請求を放棄し、反訴の主張をすべて認めたうえ、四月二日、和解金を支払い和解した。野田は当初から謝罪広告をもとめ、山岡らは反訴の請求を拡張し、『創』に謝罪広告掲載をもとめたため、『創』二〇〇四年六月号に次のような武富士（代表取締役・清川昭）の謝罪広告が掲載された。名誉毀損の提訴の部分を引用しよう。

山岡・創出版あて

「この提訴は、当社前会長・武井保雄指示の下、山岡氏や有限会社創出版の言論活動を抑圧し、その信用失墜を目的に、虚偽の主張をもって敢えて行った違法なものでした」

野田あて

「本件提訴は、当社が本件記事の内容が真実であると知りながら、貴殿が当社を批判するフリーのジャーナリストであることから、敢えて、これらの執筆活動を抑圧ないしけん制する目的をもってなされたものであり……貴殿の社会的信用を失墜させる行為として名誉毀損に該当するものでした」

そのうえで武富士は、山岡、野田、創出版に深くお詫びした。盗聴疑惑や武富士と警察との癒着を暴いた記事に対する一連の訴訟は、ジャーナリスト側の完全な勝訴で幕を閉じたのである。

ダブルスタンダード

一部全国紙は武富士が対メディア訴訟ですべて和解したかのように報じたが、実態は違った。武富士は、警察が動きどうにも否定しようがなくなった問題だけ認め、貸金業務をめぐる問題などそうでないものはシラを切りとおすというダブル・スタンダードを採ったのだ。

二月一三日、東京地裁で『週刊金曜日』をめぐる訴訟の進行協議が開かれた。進行協議とは「口頭弁論の審理をスムースに進行させるために……口頭弁論における証拠調べと争点の関係の確認をしたり、その他訴訟上の進行に関する必要な事項について協議するための、特別な期日」「口頭弁論の進行に関する協議を形式張らないで行う期日」である(前出『新民事訴訟法(第二版)』)。通常、傍聴は認められない。このような言論・表現の自由にかかわる重要裁判が、傍聴者のいないところで重ねられること自体問題だったが、『週刊金曜日』顧問弁護士らは特に異議を唱えることはなかった。

この日、裁判長の福田剛久が「(他の訴訟の状況が)いろいろ報道されているが、取り下げや放棄はないのか」と問うと、武富士代理人の弘中惇一郎は「ありません」と断言。

そこで被告代理人に仙台から加わった新里宏二が、前日の朝刊各紙に掲載された武富士の「謹んでお詫び申し上げます」という全面広告を広げた。

裁判長「へえー……(この訴訟とは)関係ないんですね」

弘中「はい」

こうした武富士の二枚舌ともいえる態度に、『週刊金曜日』側は反訴をすることもなく、一つひとつ事実の立証に努めた。ボクシングにたとえれば、相手のパンチを防御することには成功しながらも、なかなか反撃のパンチを繰り出せない挑戦者にも似ていた。

訴えられたライターの窮状

訴えられてから一年ほどたったこの時期が一番苦しかった。三宅は後にそう振り返っている。フリーライターが訴えられると、どう辛いのか。三宅と『週刊金曜日』が「不当提訴」の謝罪と償いをもとめて武富士と武井を訴え返した訴訟（後述）の口頭弁論で、三宅は次のように意見陳述している（二〇〇四年一二月三日東京地裁）。

「ウソだ、ウソだ」と繰り返す不当な言いがかりを跳ね返すために、私はこの一年半、収入もやりたい仕事も捨てて、本業ではない訴訟に没頭せざるを得なくなりました。私はフリージャーナリストですから、取材をして原稿を書くことで収入を得ます。訴訟に明け暮れるようになったために収入は無きに等しい窮状に追いやられています。

昨年当初まで関わっていたテレビ番組制作の仕事は、武富士の提訴以降「一部企業と係争中というのは困る」と敬遠され、やりづらくなりました。

現在、わずかな貯金を切り崩しながらの生活が続いています。弁護士費用、調査のための旅費など、武富士のウソを暴くために多くの出費も強いられています。

経済的負担以上に、裁判のことが頭から離れず仕事が手につかなくなったことが痛かった。三宅の陳述は続く。

金銭的損害は回復可能かもしれませんが、失われた時間、失われた仕事の機会というものは永遠に戻ってきません。武井氏の全財産をつぎ込んでも返ってはきません。書かねばならないことが世の中にはたくさんあります。武富士は私の仕事を邪魔しているのです。まさに、この執筆妨害が提訴の目的だったのではないでしょうか。

勝ち組と負け組

そうした苦痛は、線の細い三宅の、心身にも現れた。怒りと不安で眠れない日々が続き、白髪や抜け毛が増え、体重は減った。「病気じゃないか」と心配され病院に行くと、医師は「体に異常はないが、精神的なものではないか」と言った。原因不明のジンマシンにも悩まされた。

弁護士との関係が一時しっくりいかなくなったことも悩みの種だった。他の「言論弾圧訴訟」と同じく早く反訴してほしいと考える三宅に対し、『週刊金曜日』も顧問弁護士らも「名誉毀損訴訟は記事の真実性立証が基本」という考え方から、反訴に消極的だった。武富士の言いがかりに答えても答えても、また新たな言いがかりをつけられる。三宅には「無限の言い訳作業」が賽の河原積みにも思えた。

武富士との裁判は山岡や寺澤、創出版などの「勝ち組」と、『週刊金曜日』や『闇を暴く』の「負け組」に二分されてきた。誰が言い出したのか、そんな見方も語られるなか、三宅は先が見えずに焦燥感が募った。

弁護士との齟齬

民事訴訟では、当事者の希望や感情と、法律専門家である代理人弁護士の常識はしばしば食い違う。問題は、日々の仕事と訴訟準備の膨大な作業に流されて、裁判の見通しや方針を、三宅と『週刊金曜日』と弁護士らが膝を交えてじっくり話し合わないできたことだった。コミュニケーションの不足と裁判の長期化が、足並みの乱れにつながったともいえる。

こうした状況を打開するため、二〇〇四年一月から岡田にかわって『週刊金曜日』編集長になった北村肇と担当編集部員と三宅は、東京都心にある中村雅人弁護士の事務所で会議をもった。三宅が反訴をもとめると、弁護士らは「検討する」と言いながら、「まずは三宅さんが取材経過などの陳述書を書いてくれないと困る」と主張する。やりとりのなか、ある弁護士が「三宅さんの取材にはまだ半信半疑なところもあって」と漏らした。早く取材経過を陳述書にまとめてほしいという趣旨だったが、心身ともに疲労がピークに達していた三宅は深く傷ついてしまった。

三宅と顧問弁護士らとの意見の違いは、速やかに反訴に踏み切るべきか、名誉毀損訴訟で記事の真実性の立証を着実に進めるべきかという論点に加え、取材源の被害者らを証人申請するかどうかにもあった。弁護士らは、記事の真実性を立証するには、三宅のおもな取材対象である被害者の法廷証言が必要ではないかと考えた。名誉毀損訴訟の進め方としては、裁判実務の教科書どおりの発想である。正式な申請こそまだだったが、中村たちは裁判所の求めに応じ、一月一三日付で「人証予定リスト」を提出。被告側証人として、聴覚障害者C子からの取り立てに関してはC子とその手話通訳者、小学生Sへの待ち伏せに関してはSの母親、臨店の際の「暴行」を目撃した元従業員Xら、被害者と元従業員を証人候補に列挙していた。

それに対して三宅は、武富士の言いがかりに対してこれ以上受け身の言い訳ばかり続けるのではなく、一日も早く反撃に転じたかった。武富士こそ裁かれるべきだと考えたのだ。また、「名前も出さないし迷惑もかけないから」と約束して話を聞いた取材対象、それもただでさえ多重債務で苦しんでいる人を法廷に呼び武富士の前に差し出すような真似は到底できなかった。

一年間も取材源に会って話を聞いてきて、まだ信じてもらえないのか。この人たちとは、これ以上一緒にやれない――。三宅は一時、弁護士解任を考えるまでに思いつめた。「被害者を法廷に出すことはできない」。弁護士事務所での打ち合わせで三宅は強く主張した。

閉ざされた反訴の道

数日後、中村と好川は『週刊金曜日』の事務所に赴いた。記事が正しいと立証するのに不可欠な証人を出さないなんて、いったい何を考えているのか。中村は言った。「勝訴する気はあるんですか」

『週刊金曜日』の代表、黒川宣之はすかさず返した。

「私たちには、裁判の勝ち負けより大切なことがあるのです」

武富士との裁判にどう取り組むか。『週刊金曜日』でも真摯な検討が重ねられていた。取材源は守る。弁護士はかえない。だが反訴によって反撃をめざす。それが『週刊金曜日』編集部の結論だった。

ここで「分裂」すれば武富士の思うつぼだ。新聞労連の委員長として数々の争議や社会運動を経験してきた北村や、クレジット・サラ金被害救済に取り組んできた弁護士らが懸命に説得し、三宅も気を取り直した。

三月二四日、三宅らが訴えられた名誉毀損訴訟の進行協議が開かれた。小さなテーブルを囲んでソファが並べられた狭い書記官。裁判長の福田も黒い法衣ではなくスーツ姿だった。中村が「武富士による提訴後、武井逮捕など新たな事態が起こった」と述べて反訴の意向を表明し、三宅も、「批判封じのための提訴自体がおかしい。記事の正しさは十分明らかになった」と訴えた。

福田は「一年かけて争点整理をしてきて、いよいよ証人調べという段階で反訴をされれば、また争点整理をやり直さなければならなくなる」と審理の遅延に露骨に難色を示した。三宅が食い下がると、三宅の方を見据え、「記事が間違っていて名誉毀損で負ければ不当提訴とはいえないでしょう。逆に、記事が正しいことを立証して名誉毀損で勝てば、それにもとづいて提訴が間違っていたという新たな訴えを考えればいいじゃないですか」と熱心に説いた。反訴の可能性は事実上閉ざされた。裁判長がここまで反訴は困るという心証を開示したのに敢えて反訴するのは、裁判長の訴訟指揮に逆らうも同然だからである。

陳述書をつくる

記事の真実性立証の山場である証人調べが迫ってきた。弁護士らは、三宅と金曜日の強い意思を受けとめ、与えられた条件下で全力を尽くそうとしていた。一方、三宅と一緒に武富士と闘ってきたフリーランスたちも、この局面でできることは何かを考えていた。

ひとつは、三宅の陳述書づくりだった。その前半は、クレジット・サラ金問題に取り組む弁護士のサポートで作成された。私が後半をまとめる手伝いを引き受け、何度か三宅に私のアパートに来てもらい、泊まり込みで作業を進めた。汲めども尽きぬ井戸のようにこんこんと湧き出る三宅の想いを聞き、キーボードを叩いて文章にまとめながら、私は解決するまで一緒にやるしかないなと思った。三宅が土産にビールをもってきたので、作業後は酒盛りになった。同じフリーの仲間と仕事や人生のことを語り合う機会ができたのも、武富士のおかげともいえた。

一五五ページに及ぶ陳述書ができたのが四月下旬。弁護士らは内容を検討しながら、証拠となる資料を揃え形式を整えた。陳述書を読み込むうちに、弁護士たちは、ルポを書かずにはいられなかった三宅の想いと、この裁判の社会的意味を改めて痛感した。『週刊金曜日』代表の黒川。「ここまで取材したのか」と胸打たれた。味方の気持ちを一つにするうえでまず効果を発揮した陳述書の結論部分を紹介しよう。

言論・表現の自由がなく自浄作用をもたない社会がいかに滑稽で、さらに恐ろしく、放置すればいかに悲惨な出来事をもたらすかは、わが祖国日本が約六〇年前に経験したことであります。原告が、盗聴事件という信じがたい事件を起こしたのも、原告が批判を許さない「裸の王様」、独裁体質だったからです。武井保雄が盗聴をやったことよりも、会長の犯罪にブレーキがかけられない体制に、より本質的な問題があります。

モノが言えない社会がもたらしたおびただしい惨禍を経験しているからこそ、憲法は二一条で言論・表現の自由を高らかにうたっています。その重要性について、先の『週刊文春』出版禁止を覆した東京高裁決定は、次のように説いています。

「表現の自由は民主主義体制の存立と健全な発展のために必要な、憲法上最も尊重されなければならない権利である」(〇四年三月三一日、東京高裁＝根本眞裁判長＝決定)

まったくその通りです。ところがこんにちの日本では、日々言論・表現の自由が狭まり息苦しさを感じるようになりました。まっとうな調査報道、ルポルタージュが次第に少なくなり、大マスコミはサラ金にすら遠慮するようになりました。

そして私のようなフリージャーナリストが批判を加えると裁判を使って弾圧を受ける始末です。まるで日本全体が〝武富士化〟しているかのような錯覚を覚えます。

「先人が遺した財産」

当時、日本人の若いジャーナリストやボランティアがイラクで武装勢力に拘束される事件が相次いでいた。アメリカの無法な戦争を支持し、イラクの破壊と混乱に加担しながら、自衛隊派遣を強行するために「イラクに安全地帯がある」と強弁し渡航禁止措置もとってこなかった日本政府は、国の責任をごまかすために「人質の自己責任」を言い立てていた。三宅は陳述書でそのことにもふれている。

日本人の若者がイラクで人質になった事件が連日大きく報じられていますが、バグダッド近郊で拉致され無事解放されたフリージャーナリストの安田純平さんも、私の裁判を支援してくれている一人です。彼は外国軍隊からひどい目に遭っているイラクの人々から生の声を聞き伝えようと危険を顧みずイラクに行ったのだと思います。

声なき声を伝えたいという想いは私も一緒です。平和や人権を守る——私たちは厳しい出版不況のなかでもそうした理想を胸に仕事をしており、原告から訴えられた記事もそうした仕事の結晶にほかなりません。

この裁判は、まさに憲法二一条、言論・表現の自由を踏みにじろうとする者と、それを守り生かそうとする者とのたたかいです。「言論・表現の自由」は、国民の基本的人権を守り、社会が平和であり続けるためにこそ、先人がおびただしい犠牲を払って残してくれた貴重な財産です。この誇るべき「言論・表現の自由」をいっそう輝かせるような判決を切望してやみません。

四月二七日、三宅と『週刊金曜日』の代理人弁護士らは、この陳述書を東京地裁に提出した。裁判長の福田は、待っていたかのように、「きちんと読ませていただきます」と言って受け取った。

支援する会

北村と私は、支援の会をつくろうと話し合った。私が特に許せなかったのは、取材にも応じず、記事が出たらいきなり訴えるという態度だった。同じように武富士を批判する記事を書いても、『中日（東京）新聞』も『週刊文春』も『しんぶん赤旗』（日本共産党機関紙）も訴えず、もっぱら中小メディアとフリーライターを狙い撃ちしたことも理不尽に感じた。

六月一〇日、武富士残酷物語訴訟を支援する会（準備会）が東京・神保町の岩波セミナールームで開かれた。奇しくもルポ大賞受賞パーティと同じ会場は、山岡をはじめとするフリーライターを中心に新聞記者、弁護士、多重債務被害者団体などが集まり、いっぱいになった。三宅は改めて、フリーライター同士の絆をひしひしと感じた。

準備会での討論では、山岡が「きょうの会には、誘われなければ頼んでも出たかった。裁判はいろいろあってたいへんだが、できる限りのことをしたい」と話した。寺澤はちょっと辛口に、「三宅さんもそうだが、金曜日の経営陣は新聞記者出身のせいか、おしとやか過ぎる。武井逮捕で相手がふらふらになっている時にパンチを出さず、他の裁判の傍聴にも来ない。勝つ気があるのか」と問うた。弁護士の宇都宮健児も、「金曜日の裁判は、武富士が起こした本訴だけだから、こちらが勝訴しても何もならない。反撃すべきだ」と続いた。

出版労連に加盟するフリーランスのユニオン、出版ネッツの委員長でデザイナーの安齋徹雄も駆けつけ支援を表明するなか、支援する会を正式に立ち上げることと、反撃策を早急に検討することが合意された。守りから攻めへ。三宅と金曜日の闘いも、他人事と思えない友人たちの声を背にアグレッシブに舵を切った。

六月二八日、三宅と金曜日は、武富士と武井保雄を相手取って、不当提訴の謝罪と損害賠償をもとめる訴訟を東京地裁に提起した。一連の言論弾圧訴訟の被告としては最後の反撃となった。提訴後、司法記者クラブで会見した宇都宮は「やられっぱなしで反撃しなければ、報道はジリ貧になるばかりだ」と述べ、三宅は「ものが言える世の中に戻していくために頑張りたい」と熱を込めた。

私は、提訴を伝える記事を客観報道としては書けず、こう結んだ。

「名誉毀損訴訟での報道側の勝率は二割台で、前途は多難だ。だが暴力団や警察と癒着しているとはいえ、たかが一企業に真実の報道が屈するわけにはいかない。今度はジャーナリスト側がパンチを繰り出す番である」(『週刊金曜日』二〇〇四年七月二日号)

西里扶甬子らの陳述書

支援する会結成に参加したフリーライター三人は、三宅のために陳述書を書いた。自らの取材経験に照らして、三宅の記事の正しさを裁判官に説いたのだ。このリスキーな役目を買って出たのは細菌戦をした七三一部隊についての著書もあるドイツテレビのコーディネーター西里扶甬子、ライターとして一四年間、専門書から週刊誌まで多彩に執筆してきた田原大輔、全国紙記者、自動車雑誌編集者を経て経済紙記者になった篠原隆史の三人、いずれ劣らぬ経験豊富なライターだった。

篠原は三宅の取材を細かく分析して「三宅氏が執筆した記事は、取材の手法や内容がきわめて丁寧で立派なものです。ここまでの仕事をしてなお、相手から訴えられるのであれば、フリーライターという職業は消滅するほかはありません」と指摘した。

田原は企業の説明責任を踏まえて高額訴訟をいきなり起こした武富士に疑義を呈し、「出版と企業……の信頼関係が断絶し、片方が一方を高圧的に支配するようになっては、わが国の出版界と産業界に、どれほどのマイナスとなるか予測もつきません」と結んだ。

そして西里は、自ら取材したサラ金被害の深刻さや内外のプレスのあり方の違いにもふれながら、「このような『言論封殺』を意図した訴訟で、原告が勝訴するようなことがあれば、裁判所は日本社会の『暗黒化』に手を貸すことになり、『弱く困窮した市民』が救われる道を閉ざすことになります」と説いた。

ジャーナリストの職能と熱意にもとづく三つの陳述書は、強い説得力で、三宅のルポの意義と言論弾圧訴訟の理不尽さを浮き彫りにした。支援する会の結成と陳述書提出は、まさに〝ジャーナリストならでは〟のコミットといえた（三人の陳述書は資料編に収録）。

7 証言

裁判のクライマックス

二〇〇四年七月八日、三宅と『週刊金曜日』が訴えられた裁判で、いよいよ証人尋問が行われた。証人尋問は、それまでの争点整理と相互の主張立証を踏まえた審理のクライマックスである。

被告・『週刊金曜日』側が被告の三宅本人と、記事掲載当時の編集長・岡田幹治、武富士元支店長の御木威。原告の武富士側は、社員の永谷光宏、中川雄一郎、大江隆夫を申請し、採用された。裁判長の福田が集中証拠調べ＝証人尋問を一日で終えることにこだわったため、昼食休憩をはさんで午前一〇時から午後五時まで、密度の濃い尋問となった。

尋問は、午前中に証人申請した側からの主尋問、午後に相手側からの反対尋問という形で行われた。武富士側は、三宅が「武富士残酷物語」で報じた「小学生待ち伏せ」が虚構で、真実と信じた相当な理由（真実相当性）もない、との立証に力を注いだ。

主尋問では、岐阜支店副支店長の中川雄一郎に、武富士の債務者Wの息子Sが小学校で待ち伏せされたとされる二〇〇〇年九月二〇日頃、W宅に集金に行く決裁がおりるかと問うている（武富士では債務者宅に集金に行くには上司の決裁が必要）。中川は「いえ、絶対に（決裁は）下りないですね。二日遅れですし、遅れたお客様は結構見えますので……効率性からいっても二日遅れでご自宅に訪問することはございません」と答えた。

主尋問で待ち伏せについて「これは『週刊金曜日』が初めて取り上げた問題ではなく、ごく簡単ではありますけれども、新聞記事がその前にいくつも出ている」と証言した岡田には、Wが武富士を提訴したことを伝える全国紙などの報道と三宅のルポは内容が違うのでは、と追及する。ベテランジャーナリスト岡田は余裕綽々で、武富士側の反対尋問はまったく功を奏さなかった。

一方、三宅に対する尋問はなかなか巧みなものだった。

「小学生待ち伏せ」めぐる尋問

弘中はまず、武富士の内規に違反した、支払い義務のない聴覚障害者の女性からの息子の借金の取り立てについて、「もしお金が家に困らないぐらいあるんだったら、その話（三宅のルポ）は全部根本から間違うと、間違ってるという危険があるわけでしょう」「（家庭内暴力があった）子どもが怖いから、もうあんまりそこでゴタゴタするようだったらさっさと済ませちゃいたいと「いわば家の中の家庭問題というのがかなり大きいんじゃないか」とたたみかけた。

こうして三宅をかっかとさせたうえで、弘中は「本題」のWの息子Sの「小学校待ち伏せ」に話題を移す。弘中は、『週刊金曜日』側が裁判に出した取材経過一覧表に「（武富士が知らないはずの）Wの携帯電話や職場に原告（武富士）から電話があった」と記されていることをとらえ、Wの当時の職場がどこか確かめていなかったことを三宅に認めさせた。また、同一覧表に「取材経過は全てビデオ収録済み」とある点について、三宅がビデオに収録された前後のやりとりもあると述べたことを、声を荒げて難詰。一覧表はその点が「間違いだった」と言わせた。

Wやその息子Sから小学校待ち伏せの経過を詳しく聞いたこと、その話に顕著な矛盾はなかったことは三宅の証言全体を通して揺るがなかったが、長時間の追及をうけ、疲労の色は隠せなかった。「借りた金を返さない人はウソつきだから、ウソを見破るような厳しい取材、追及をすべきだ」という武富士の考えと、「多重債務に苦しむ人を信じ助けたい」という三宅の想いとが、真っ向から衝突した激しいやりとりだった。

武井二男の「バキ」

だが、証人尋問のハイライトは、何といっても「社員残酷物語」、武富士の過酷な労務管理の一端が御木の証言を中心に浮き彫りにされたことだった。被告代理人の好川が訊く。

好川　ノルマの達成状況が悪い支店に対しては、何か（武富士の）本部から連絡等があるんですか。

御木　ゲキ、バキと言われる電話がひっきりなしにかかってきます。

好川　ゲキ、バキというのは、たとえば具体的な言葉でいうとどういったものでしょうか。

御木　巻き舌のやくざ言葉で社員を追い詰めるという形ですね。

証言は初めてという御木は、淡々と答えていく。ここで被告弁護団が大阪で働いていた武富士の元従業員が未払い残業代の支払いを求めた訴訟で証拠提出した「バキ」を録音したテープを法廷で再生した。

本部長　回収いくらだ。
社員　いやいや、回収、二七一〇でございます。
本部長　全然回収してねえじゃん。
社員　いや、申し訳ございません。
本部長　何で？
社員　いや、申し訳……。
本部長　よー!!
社員　いや、申し訳ございません。
本部長　なー!!
社員　（悲鳴のように）いや、絶対に。
本部長　（怒鳴り声、聴取不能）じゃ、お前、二四〇〇じゃねえか、この野郎、ボケてんのか、この野郎!!
社員　本部長、申し訳ございません。（電話切れる、一部略）

本部長というのは、武井保雄の二男で、当時武富士営業統括本部長だった武井健晃のことだ。聞くに堪えないヤクザ言葉に、傍聴者は息を呑んだ。

元支店長の迫真の証言

好川　あなたがいた支店でも同じようなことが行われていたんですか。

御木　はい。少なくとも一時間おきには必ずありました。

好川　今の（罵倒の）レベルは普通ですか、それとも極端なケースですか。

御木　やさしいぐらいじゃないかと思います。

御木はさらに、自分が経験した、ノルマを達成できなかった（「未達」を出した）支店長が集められて詰められる未達会議の実態も生々しく語った。

御木　（未達会議では）先ほどの（バキ）テープのようなことを口頭で直接言うという形になるんですが、未達店長が一堂に集められて、支社長とかそういう上長（上司のこと）が、特に目立った未達者を立たせて、未達したほかの支店長がその一人に先ほどのようなこと（バキ）を言い続けるというような形ですね。

好川　成績の振るわなかった人が成績の振るわなかった方に先ほどのようなことをしているんでしょうか。

御木　そうですね。少しでも長引かせないと、今度順番で回っていきますから、自分が立たされる番が来ないようにできるだけ（他の支店長が追及される時間を）長引かせるために言い続けるということですね。

未達会議での吊るし上げは、一人三〇分から一時間、長ければ二時間にも及ぶと御木は証言した。回収ノルマ達成のために支払い義務のない家族に請求すること、社員がお客の債務を個人保証させられることがあること、財布やカバンの中身、私物の携帯電話の電話帳、発着信履歴、メールまで調べられること……御木は生々しく証言した。御木に対しては、武富士代理人は何ら有効な反対尋問ができなかった。被告ら代理人の新里がさらに訊く。

新里　ヤミ金であれば、北見の学校にヤミ金が連絡をとってトラブルになったことがありますけれども、武富士が学校に連絡するようなことはありましたか。

御木　何回か聞いたことがあります。

新里　具体的にどんなことですか。

御木　学校に親族のふりをして電話をして生徒を呼び出してもらったりということですね。子どもさんに親の連絡先を聞いたりということですね。

前例も後例もない「密室指導」

支店長の受難は「未達会議」だけではない。臨店（りんてん）と呼ばれる、大阪の布施支店に対する抜き打ちの立ち入り検査での暴行疑惑について、その場に居合わせた布施支店支店長代理（暴行疑惑当時）の大江隆夫は、武富士には一〇年以上勤めて臨店も何度も経験しているが、支店長だけ店内に残されて他の従業員が外に出され、密室で「指導」が行われたのは、三宅が記事に書いたとき一回しかないと証言。さらに、「指導」が済んだ後、「指導」された支店長はしょげており、「何かあったんだろうなとは思いますけれども、そういう状態でしたから、相手から言う前に自分のほうから聞くのは失礼かなというような形で聞かなかった」、つまりは話題にすることさえできないほどだったと、密室でのご指導の異様ぶりを事実上認めた。

武富士側の反対尋問がやぶ蛇になる場面もあった。武富士代理人の加城千波が『週刊金曜日』編集長だった岡田に訊く。

加城　武富士が当時金融庁の事務ガイドラインを破っていたというご認識だったんでしょうか。

岡田　破っている疑いがあるとされて、その前の年の一〇月頃にいろいろな申し立てが関東財務局に行われて、非常に異例の調査が行われたという事実はつかんでおりました。

加城　ほかのサラ金の会社については特に取り扱うという検討はされなかった……。

岡田　ほかの会社についての言及もありますし、その問題点を指摘した箇所もあります。(ただルポの手法として満遍なくあらゆることを同じように取り上げるよりは、もっとも問題が先鋭にあらわれているところに大きなエネルギーを割いて取材をして、それを書くというのがわれわれ（ジャーナリズムの）の有効な手法であるわけです。

対質尋問

証人尋問の最後に、裁判長の福田は、複数の証人を並んで座らせ、一つの争点について同一内容の質問をして心証をとる、異例の「対質尋問」を行った。対質尋問は、そのころフジテレビ系列でオンエアされた、大学病院での医療過誤をめぐる裁判を扱ったドラマ「白い巨塔」でも筋立てに盛り込まれ、大学病院側のウソが崩れるきっかけとされていた。

『週刊金曜日』の裁判で対質することになったのは、被告の三宅と『週刊金曜日』側証人の御木、武富士側証人の大江だ。

大江が「営業会社ですから、数字が悪ければ指導をいただくことはありえますが、先ほどテープで聞いたような（バキの）電話は受けたことはありません。ブロックや地区が違えば上長も違いますので一概にはいえないんですけど、私は、何度も何度も指導が入るということはありませんでした」と述べた。それに対し御木は、大江も自分も地区部長はSだったとして社内報「竹の子」に掲載されたSの写真を示す。

「この人が一緒の上長ですから、立場も一緒やったと思います。この人は恐怖支配といいますか、とにかく激しい人でしたから。（支店に）来たら本当に気を使う。ほとんどバキを受けないということはまず考えられない」

御木の証言をうけ、裁判長の福田が「どうですか、同じSさんですよね」と促す。傍聴席の最前列では、武富士広報係長らが目を光らせていたが、大江も「ええ、すごい力のある方で、来ていただいたら、社員もいつも以上に緊張した感じで仕事をしていたということはあります」と御木の証言を一部認めざるを得なかった（証言は裁判記録にもとづくが一部略）。

証人尋問終了後、裁判官三人が合議し、結審を告げた。

二倍、三倍の報道で

証人尋問後、場所を移して、武富士残酷物語訴訟を支援する会の第一回会合が開かれ、裁判の感想と今後の方針が話し合われた（前回は準備会）。はじめて法廷に立った三宅は、少し疲れた様子で、「プロと素人が相撲をとった感じだが、売られた喧嘩は買うしかない」と語った。

会は、参加者のフリートークになった。

「サラ金被害者のウソを見破るよう根掘り葉掘り取材すべき」とする武富士代理人弁護士の執拗な反対尋問に対しては、「取材現場ではメモもとれないことも多い。ナンセンスな言いがかりだ」（新聞記者）という声があがった。「武富士が勝つと、もう何も書けなくなる」（フリーライター）、「報道への攻撃は二倍、三倍の報道で返さなければ」（新聞記者）、「調査報道できる記者が減ったことが大きな問題」（編集者）、「勝ちきるには受け身ではなく積極的に攻めることが必要」（弁護士）など意見が続出。武富士裁判に取り組むジャーナリストたちは、報道、裁判両面での積極的反撃を申し合わせた。

8 勝訴

二〇〇四年八月三一日、三宅と『週刊金曜日』が武富士と武井を訴え返した反撃訴訟の第一回口頭弁論が開かれた。東京地裁民事一五部の裁判官渡邉弘は、いっぱいの傍聴者に目を見張りながら、開廷前から「裁判所の構成を検討中で」と裁判官三人の合議に変更する可能性を示唆した。武富士は、請求棄却をもとめる答弁書を出して欠席した（民事訴訟の第一回口頭弁論では、被告は事前に答弁書を出せば、欠席しても答弁書が擬制陳述扱いとされる。二回目以降は許されない）。

被告不在のなか、北村が意見陳述に立ち、「記事への批判には誌面で応えるのが原則だが、広告を使った圧力に加え、名誉毀損訴訟を悪用した批判つぶしがまかり通ったら、不正を追及する調査報道が困難になる。そんな社会にしてはならない」と訴えた。

判決の日

そして九月一六日、奇しくもジャーナリスト盗聴事件で武富士前会長・武井保雄に懲役三年の求刑が行われた日に、三宅と『週刊金曜日』が訴えられた名誉毀損訴訟の判決も言い渡された。判決をまとめた福田は直前に最高裁調査官に異動し、判決は後任の佐藤陽一が代読した。

民事訴訟の判決言い渡しはほとんどの場合主文だけだ。このときも、しごくあっさりとしていた。

「原告（武富士）の請求はいずれも棄却する。訴訟費用は原告の負担とする」
三宅と『週刊金曜日』の完全勝訴だった。傍聴席からは温かい拍手がおき、三宅や弁護団の顔もほころんだ。

三二ページに及ぶ判決で裁判長の福田は、まず三宅の一連の報道の目的は「東京証券取引所一部上場企業であり、日本経団連会員でもある原告（武富士）について様々な問題を指摘する声があり、それを検証するために被害を訴える声をとにかく聞いて回り、そういった声をルポタ《ママ》ージュという形で問題提起すること」であり、「いずれも公共の事実に関する記事であり、専ら公益を図る目的で本件各記事が執筆・掲載された」と公共性・公益目的を明確に認定。その上で個々の記事内容と三宅の取材経過をていねいに検討し、すべての記述について真実性ないしは真実相当性（真実と信じた相当な理由があること）を認め、「名誉毀損・信用毀損の不法行為が成立しない」「原告（武富士）の請求にはいずれも理由がない」と結論づけた。

武富士が顧客への貸し付けと返済、利息を記録した計算書について、「入金履歴（返済）が欠落していた部分がある」と改ざんを具体的に認定。支払い義務のない家族から取り立てる「第三者請求」、ノルマが達成できなかった支店長を長時間誹謗・中傷する「未達会議」、お客の債務を従業員に個人保証させることがあることも真実とするなど、武富士商法の違法・不当性に踏み込んだ。

小学生待ち伏せについても、「消費者金融業の社員が小学生を待ち伏せたこと」を真実とはっきり認定。待ち伏せたのが原告（武富士）社員と「断定できるかどうかには疑問が残る」としな

おもな「武富士VS言論」訴訟の結果

武井保雄前会長による盗聴疑惑発覚後の出版関係のみ。いずれも東京地裁（控訴審を除く）

①提訴　②対象　③被告　④損害賠償額　⑤結果

「サンデー毎日」事件　①2002年12日　②盗聴疑惑記事（サンデー毎日掲載）　③毎日新聞社、山岡俊介さん　④1億1千万円　⑤提訴直後、武富士が取り下げ

「週刊金曜日」事件　①03年3月。6月に追加　②ルポ「武富士残酷物語」など（週刊金曜日掲載）　③金曜日、三宅勝久さん　④1億1千万円　⑤04年9月三宅さんら完全勝訴。武富士が控訴、05年2月に東京高裁で判決

「武富士の闇を暴く」事件　①03年4月　②単行本「武富士の闇を暴く」　③同時代社、今瞭美弁護士、新里宏二弁護士、宮田尚典弁護士　④5500万円　⑤05年1月に結審し3月に判決

「週刊プレイボーイ」事件　①03年5月　②警察との癒着（週刊プレイボーイ掲載　③集英社と寺澤有さんほか　④2億円　⑤04年2月武富士が請求放棄し寺澤さんらが完全勝訴

「月刊ベルダ」事件　①03年7月　②盗聴疑惑など　③月刊ベルダ掲載）　③株式会社ベストブック、山岡俊介さんほか　④1億円　⑤04年3月武富士が請求放棄し山岡さんが完全勝訴（出版社は勝訴的和解）

「月刊創（つくる）」事件　①03年8月　②盗聴疑惑（月刊創掲載）　③創出版、山岡俊介さん、野田敬生さん　④3497万円　⑤04年3月武富士が請求放棄し山岡さんが完全勝訴（野田さんは勝訴的和解）

■三宅勝久さんら、および今瞭美弁護士らは不当提訴の賠償を求めて、それぞれ武富士と武井保雄・同社前会長を提訴。

■今弁護士は、異常な業務妨害への賠償と謝罪を求め、武富士と武井前会長、鈴木武志・武富士顧問弁護士を提訴。

がらも、「原告を含む関係者に十分な取材をし」たことを理由に、待ち伏せたのが武富士社員であったと「信じたことについて、相当な理由があると認められる」とした。

判決は「被告三宅の本件各記事の取材以前の取材・情報収集状況」という項で、三宅の大学卒業後の歩みと多重債務被害、武富士問題との出会いをまとめ、また三宅が行った取材経過を具体的に分析しながらその徹底ぶりを評価するなど、三宅陳述書はもとより、三宅の取材・報道の価値を現場経験から明らかにしたジャーナリスト三人の陳述書も踏まえたものとなっていた。

記者の醍醐味

同日夜、東京都内で判決報告会が開かれた。司会は、判決をこの耳で聞かなければと香川から駆けつけた山崎千津子が引き受けた。三宅は「ご支援ありがとうございました。『棄却』」の声にこれまでの苦労が吹き飛びました。『他人の書かないことを』という意欲に怖いもの見たさもあって書きましたが（笑い）、裁判になって『記事を裏づける証拠が足りないのか』と考え、全国の現場を歩いて張り込みをし、三時間取り立てや今も続く未達会議など武富士の闇の証拠を集め、裁判に出しました。ものが言えない社会にしないため、反撃訴訟で武富士、武井の謝罪と『二度としないという約束』を求めていきます」と意気込んだ。弁護団の中心を担った中村雅人と好川久治は「取材源を守りながらの立証は困難だったが、御木証言など勇気ある従業員の内部告発が勝訴につながった」と厳しい道のりを振り返った。中村らの言うとおり、判決は御木の勇気ある証言を「これらの内容は非常に具体的であり、不自然なところもなく、信用性が高い」とし、記事の真実性を裏づける重要な根拠として評価していた。

報告会のメインは調査報道の大切さと面白さをめぐるシンポジウムで、北村の司会で、ルポライターの鎌田慧と朝日新聞経済部記者の山田厚史が話し合った。

鎌田は、「フリーは負けるとたいへんなんで、ほんとうによかった。こんな裁判が起こされるのは、新聞や雑誌がナメられて言論の自由が軽くなり、裁判所もヤワになったからだ。その中での完全勝訴には、『ジャーナリズムもまだまだいけるぞ』と力が入る」と述べた。さらに「先ほど女性の司会者（山崎）が言っていたが、三宅さんと、彼が山陽新聞記者時代に取材した人たちとの付き合いから支援の会ができたことにも感動した。記者と地域との熱い関係は大切だ」と熱っぽく話した。

山田は、「私も二回訴えられた経験があって『またやられるか』という恐怖心がぬぐえず、たしかに名誉毀損訴訟はビンボールだなと思う。でも、やっぱり一番おもしろいのは相手が本気になって怒ってくるような記事を書くことで、それが記者の醍醐味だ」としたうえで、武富士問題について「新聞も昔はサラ金地獄を追及したが、いつしかサラ金という言葉が紙面から消えた。武富士問題は山岡俊介さんや三宅さんなどフリーの後追いで反省している。監督官庁や加盟を認めた経団連、ファイナンスしている銀行の責任も取材していきたい」と語った。

若いライターのブログ

完全勝訴をうけ、『週刊金曜日』発行人の黒川宣之（くろかわ・のぶゆき）は同誌九月二四日号に次のように書いた。

「本誌の勝訴となった武富士批判記事をめぐる名誉毀損訴訟には、事実関係が正しいかどうかを超える大きな意味があります。……まず訴訟ありき、が武富士の姿勢でした。五五〇〇万円だった賠償金額が、訴訟後も掲載を続けた批判記事などを理由に倍額にはねあがり、金力で批判を押さえ込もうとの意図がみえみえでした。裁判は対応に人手や費用がかかり、勝ったとしても訴えられたフリーライターや零細企業にとっては大損失です。そこにつけこんで巨額の賠償訴訟を乱発されたら言論は萎縮してしまいます。本誌は裁判中も批判記事を連載し続けるとともに、武富士に対し、このような訴訟は違法との訴訟を起こしています。同じ危機感を持つフリーライターや弁護士が手弁当で支援の会を作ってくださっています。この裁判も勝つまでがんばります」

判決報告会に駆けつけた若いフリーライターの小川裕夫は、自分のブログ（ウェブ上の日記に使われることが多い簡易ホームページ）に「明日に向かって、大きな一歩」と題して、こう記している。

「判決が確定したわけではないけれど、今回は完全勝利といっていい内容。近年のメディアが訴えられた名誉毀損訴訟としても快挙だ。……今回の名誉毀損訴訟の勝利でもっとも重要なポイントは三宅氏が書いた記事の正確性だけではなく、ジャーナリスト同士が連携して、多メディアで武富士追及の記事を書いたことが挙げられる。ほかのジャーナリストがほかの雑誌で取り上げることによって、波状攻撃的に武富士＝悪という図式を裁判官に訴えかけることができたからだ」

勝訴判決を聞いて東京地裁を出たとき、私は三宅に声をかけた。

「記事を書いた三宅さんも、編集した岡田さんも、まじめで細かいところが福田裁判長とぴったりだったね。ぼくが訴えられるときは、大雑把な裁判長がいいなあ」。

「北さんが書いてぼくが編集したときは、かなり大雑把な裁判長じゃないと勝てないよ」

北村が応え、一緒に歩いていたみなが笑った。

細かいといえば、中村、好川ら被告代理人の弁護士の主張立証も細かく徹底したものだった。まず三宅の取材が細かく、録音はもとより主要部分はビデオテープにまで記録されており、しっかりしたものだった。取材内容をビデオに撮っていたのは、テレビ番組化を考えていたためだ。そのうえに、中村ら『週刊金曜日』側代理人は、膨大な手間隙をかけ、三宅の取材対象からもう一度ていねいに話を聴き取り、内容を陳述書にまとめていった。当初の取材の徹底ぶりと弁護士らによる再調査、それに加え、裁判で平気でウソを並べた武富士と対照的な三宅の人柄と真摯な取材姿勢が勝訴を手繰り寄せた最大の要因だった。

これから

一一月一七日には、ジャーナリスト盗聴事件で、武富士前会長・武井保雄に懲役三年執行猶予四年の有罪判決が言い渡された。裁判長青柳勤は、判決で、盗聴は「会社の財力に物を言わせ、社内での圧倒的な地位を利用し、武富士に都合の悪い記事の背後関係などを探るため、違法かつ悪辣な手段に訴えたもので、厳しい非難に値する」と断じた。

盗聴を告発した中川より、最高責任者の武井の刑が軽いなど、判決には問題も残るが、ここまで漕ぎつけたのは、紛れもなく小川のいう「ジャーナリスト同士が連携」した成果だった。とくに熱心に支援したのが、出版労連加盟のフリーランスの組合、出版ネッツの組合員たちだった。三宅は勝訴後、出版ネッツに加盟し、武富士裁判の経験を共有しようと考えている。

武富士は完全敗訴した名誉毀損訴訟で性懲りもなく控訴してきた。とはいえ、もはや敗色は濃厚だ。『週刊金曜日』や『武富士の闇を暴く』などの記事が不法行為かどうかの争いは、事実上決着がついた。攻防の焦点は、武富士による言いがかり的な名誉毀損訴訟の提起を裁判所に違法と認めさせ、カネの力による言論弾圧をくり返させないことに移った。

（注）武富士が株式会社金曜日と三宅勝久さんを訴えた名誉毀損訴訟の東京地裁判決のほぼ全文は、『消費者法ニュース』六二号（販売・日本消費者経済新聞社、電話　〇六（六三一四）一一九一）に掲載されている。

II

悪用される名誉毀損訴訟

第Ⅰ部でみてきたように、武富士がジャーナリストや消費者問題に取り組む弁護士らを訴えた名誉毀損訴訟は、「裁判を悪用した言論弾圧」であり「弁護士業務妨害」の典型例だ。そして、そうした裁判悪用は疑惑政治家や問題企業の間で近年一種の流行となっている。そこで第Ⅱ部では、個人情報保護法とならぶ「メディア規制」でありながら、これまであまり踏み込んで検証、批判されてこなかった名誉毀損訴訟の悪用と賠償額の一面的高額化の危険性を武富士問題を手がかりにできる限り具体的に考えていきたい。

個人情報保護法をめぐっては、それが政府＝公権力によるメディア規制、報道規制に使われる危険性があることからマスコミ界あげた反対がおき、政府案は報道規制がしにくい方向に不十分ながら修正された（ただし出版は規制対象から除外されていないし、理念法と個別法をごちゃまぜにしたような法律の基本構造自体にも問題がある）。

ところで、個人情報保護法に反対するメディア関係者には、報道や言論を政府が監督したり規制したりするのはおかしい、もし問題があれば裁判に訴え、司法の場で紛争解決を図るべきだという主張がみられた。これは一般的には正しいのかもしれない。だが近年、公権力そのものに属する政治家はもとより、〝社会的権力〟ともいうべき大企業や大宗教団体などが、自らに対する疑問や批判に対してまず言論で応える努力を放棄し、いきなり高額訴訟をふっかけるというケースが目立ってきた。二〇〇四年三月には、東京高裁で覆ったとはいえ、日本を代表する週刊誌の発行が裁判所によっていったん禁止されるという驚くべき事態まで起きている。田中真紀子元外相の娘の離婚をめぐる記事を載せた『週刊文春』差し止め事件である。

事ここに至れば、もはや「政府、行政の直接の報道統制は許されないが、司法による紛争解決はすべて望ましい」と言ってばかりもいられない。民主主義の絶対的基礎をなす言論・表現の自由を守るためには、政府、行政による直接の規制、統制と同時に、裁判の悪用、司法の行き過ぎにも異を唱えなければならないのである。

考えてみれば、三権分立という言葉もあるように、司法も、立法、行政とならぶ権力である。もしその権力が過って行使され言論・表現の自由が狭められるようなことがあるなら、それに警鐘を鳴らすのが、最近弱体化が著しいとはいえ「第四権力」、つまり三つの権力を監視しチェックするカウンターパワーであるマスコミ、ジャーナリズムの役割のはずである。また、カネの力で言論・表現の自由を圧迫することに裁判が悪用されることが、ほんらいの司法の理念、裁判制度の趣旨に反することもいうまでもない。

裁判を悪用した言論弾圧、メディア規制の構造をみるために、まずは武富士事件のうち、言論弾圧、弁護士業務妨害の側面をみていこう。

1 断罪された「サラ金の帝王」

東証一部上場、日本経団連加盟の大企業のトップが、盗聴という卑劣な犯罪に自ら手を染めていた。武富士盗聴事件は、戦後企業事件史のなかでも特異なものであった。盗聴事件の首謀者として有罪判決を受けた武富士前会長・武井保雄は、盗聴だけでなく、警察や暴力団も、マスコミや広告代理店も、裁判も、ホームページも、およそ「合法」非合法を選ばず、あらゆる手段を駆使して自らに対する批判をつぶすために奔走し、一時は虚構に満ちた「消費者金融トップ」のイメージを作り上げたものの、自ら墓穴を掘ったといえる。

有罪判決

この「ドンの犯罪」が裁かれたのが、東京地裁で審理された武富士盗聴事件公判であり、その被告は武井と、一緒に起訴された法人としての武富士であった。まずはその判決を振り返っておこう。

「被告を懲役三年とする。ただし刑の執行を四年間猶予する」

二〇〇四年一一月一七日、東京地裁一〇四号法廷。青柳勤裁判長が主文を読み上げると、武富士前会長・武井保雄被告（七四歳）は実刑を辛うじて免れた安堵からか、表情をこわばらせたまま小さく頷いた。丸めた背中が小さく見える。そこにはもはや、怖いものなしに暴利をむさぼってきた「サラ金の帝王」の威厳はなかった（検察、被告とも控訴せず判決は確定）。

今回裁かれたのは、ジャーナリスト山岡俊介の自宅と同じく高尾昌司の事務所の電話盗聴（電気通信事業法違反）と、武富士ホームページでの山岡への誹謗中傷（名誉毀損）だ。青柳は判決で、盗聴は「会社の財力に物を言わせ、社内での圧倒的な地位を利用し、武富士に都合の悪い記事の背後関係などを探るため、違法かつ悪辣な手段に訴えたもので、厳しい非難に値する」。山岡への中傷は「ジャーナリストが告訴などの行動に出ると、自らの非を省みずに名誉毀損行為に及んだ犯情は悪質」と断じた。株式会社武富士も罰金刑が言い渡されており、同社は抜本的改革を突きつけられた。

第I部でもみたように、盗聴が裁かれるまでの道のりは平坦ではなかった。年一五〇億円もの広告料に〝買収〟された大マスコミ（中日・東京新聞を除く）が沈黙を守るなか、「武富士の秘密」を知った者たちは訴えられ、誹謗され、恐喝犯として一網打尽にされかかったからだ。このピンチを打ち破ったのは、果敢に報道を続けたフリージャーナリストと勇気ある弁護士、国会で追及した野党議員、何より手錠がかかっても真実の告発を曲げなかった元課長中川の力だ。青柳も判決で、中川の持ち出した資料がなければ、犯行は「闇から闇へ葬られたかもしれない」と彼の告発を高く評価した。にもかかわらず、中川は盗聴に業務上横領が加わり、二〇〇四年五月、懲役三年執行猶予五年と、猶予四年の武井被告より重い判決を受け確定している。

傍聴席で判決に耳を傾けた山岡は、「武井は実刑にすべきだった。首謀者なのに、中川さんより軽いのはおかしい。判決も（三億円の）贖罪寄付を情状理由にあげており、武井にカネで買われた執行猶予だ」と悔しさをにじませた。犯罪首謀者の武井に、犯罪にかかわったとはいえ自ら告発、自供した中川より軽い判決しか言い渡せなかったことは、武富士と癒着した捜査の歪みに司法が引きずられ、内部告発者保護を軽視したものと批判せざるを得ない。

だが、そうしたそうした弱点を割り引いても、武井断罪の意味は極めて重い。全国クレジット・サラ金問題対策協議会事務局長で弁護士の木村達也は「追い込まれれば追い込まれるほど強くなる弁護士とジャーナリストを敵に回したことで、武富士は地雷を踏んだ」と振り返る。

独裁と裏切りの悪循環

判決が「罪となるべき事実」としたのは、①武井が武富士元法務課長中川、アーク横浜探偵局経営者らと共謀し、二〇〇〇年一二月一四日ころから翌年二月二四日ころまで、東京都世田谷区にあった山岡の自宅マンションの電話を盗聴したこと、②二〇〇一年一月二三日ころから同年二月四日ころまで、東京都港区内のビルの五階にある高尾昌司の会社「エス・スタッフ」の電話を盗聴したこと、③二〇〇三年六月、武富士ホームページに山岡らの記者会見について「犯罪行為に加担する誹謗・中傷」「自身の刑事責任追及を逃れるための茶番劇」などという文章を掲載し、山岡の名誉を毀損した――という三点だ。

盗聴にかぎっていえば山岡の自宅と高尾の事務所の電話を盗聴した二件が有罪とされたわけだが、武井が指示した盗聴事件はこれだけではなかった。時効のために立件はできなかったものの、判決は次のように認定している。

「平成四年秋ころ、被告人武井は、武富士の元取締役による同社の顧客情報の漏洩や従業員の引き抜きを疑い、その真偽を確かめるため、同社専務取締役小瀧國夫（以下「小瀧」という。）に指示し、私立探偵を使って元取締役の自宅を盗聴させたのを手始めに、同様の目的で、同社元従業員や元幹部等の自宅の盗聴を指示して実行させていたが、小瀧が退職した後、平成一二年八月ころからは、その業務を引き継いだ同社法務部法務課長中川一博（以下「中川」という。）に対して、同様に、同社幹部の自宅を盗聴させたり、同社を誹謗中傷する内容の外部に漏洩していると疑われる従業員らの自宅を盗聴させては、その内容を報告させていた」

つまり武井は、一九九二年から八年間にわたって盗聴を常習的に繰り返していたことになる。判決がいうように、盗聴が最初は役員や従業員、あるいはその退職者に向けられていたのは特徴的だ。

武井が最初に狙ったのは、元専務の岡村誠だった。岡村は、退社後の一九八八年、オーエムエフという金融会社を設立したが、九二年一〇月に武富士の元支店長が顧客リスト二万人分を持ち出しライバル社に流す情報漏洩事件が起きるや、武井は「岡村元専務が黒幕ではないか」と疑い、東京の調査会社ミリオン資料サービスに盗聴を依頼した。その後、ミリオンとの関係がこじれたことから、同社が下請けに使っていたアーク横浜探偵局に直接盗聴を依頼するようになったとされる。つまり武井は、身内の裏切りに猜疑心を強め、禁断のアイテムに手を出してしまったのだ。つねに裏切りに怯え、その影に黒幕がいると思い込む。それが武井の思考パターンだった。

武井の長女と結婚し、武富士人事部長、社長室長などを歴任後退社した高島望は、『武富士流金儲けの極意』(ポケットブック)でこう明かしている。

「父(武井)は、武富士のなかに強力なナンバー2は必要ないと考えている。武富士のビジネスのいっさいの情報は父のもとに集められ、いっさいは父が判断、決断する。父以外の判断、決断は必要とされていない。……武富士のなかで、ナンバー2にのしあがった者は、いかに父から可愛がられた人間であろうが、かならず粛清される運命となる」

高島は、こうしたトップと平社員、独裁者と奴隷しかいらないというような異常な労務管理を象徴する例として、武井が、それまで役員に据えていた義理の弟二人を「歯向かったという理由であっさり」切り捨てたという事実を紹介している。その結果、彼らは別会社を設立し、貸金業を始めた。「結果としては、父にとって謀反と同様な結果になった」。非情な独裁が謀反を生むのは世の常だと思うのだが、高島は「父はそれ(謀反)を芽のうちに見抜き、摘みとったわけである」と評価している。

いずれにしても、こうした人を手足としか思わないような独裁の結果、社内に不満が渦巻いて「謀反」が繰り返され、孤独な独裁者はそれを抑えるために盗聴という犯罪にまで手を染めてしまったのだといえる。

元専務を迎える浪花節

私は武富士元専務・小瀧を、一度法廷で見かけたことがある。彼が逮捕され取り調べを受けていた最中のことだ。自衛隊出身というだけあって、小瀧は小柄ながらがっちりとしていた。

二〇〇三年一一月二一日、盗聴を幇助した容疑で逮捕された小瀧の勾留理由開示公判が東京地裁で開かれた。

開廷直前、傍聴席最前列に陣取っていた武富士関係者四人が「ちょっとトイレに」と席にカバンを置いて一斉に退出、ほどなく小瀧の奥さんらを連れて戻り席を勧めた。彼らは奥さんらの席を確保するため四時間以上も法廷前の廊下に並んでいた。何とも浪花節な一幕だった。

もうすぐ六二歳、髪に白いものが混じる小瀧は、社員らが凝視するなか「幹部社員七名につきアーク横浜探偵局に盗聴を依頼した」と驚くべき事実を明かしたが、「誰にも相談せず独断で行った」と武井保雄の関与を否定。中川一博への引き継ぎなど盗聴幇助もしていないと述べた。

小瀧の弁護人・福本修也は、中川が会長決裁印を偽造、盗聴費用も一部着服した等と断じ、供述の信用性を否定。公判後、法廷前の廊下で私たちの取材に応じ、「武井会長には何度か会ったが、悪いことを許す人じゃない」と話した。

「中川ごときの人間の嘘に国家権力が踊らされ……ありもしない犯罪がでっち上げられ怒りを覚える」などと語気を荒げ、すでに武富士を退社しているにもかかわらずわが身を挺して「会長」を守ろうとする小瀧の姿と、それにもまして、小瀧の弁護人というより武井の弁護人のようなヤメ検弁護士福本の言動が、私には強く印象に残った。

二〇〇四年二月二四日、武井の盗聴事件初公判で、その裏にあった事情を検察側が暴露した。捜査の手が小瀧に迫ると、武井は自ら小瀧に電話をかけて口止めを図る。小瀧が逮捕されると、今度はその妻に二〇〇万円、弁護人に一〇〇〇万円を渡したというのだ（武井側は金銭授受は認めたが口止め依頼は否定）。だが、そうした札束攻勢もむなしく、この勾留理由開示公判直後、小瀧は当初委任した弁護人を解任、武井の関与に関する供述を開始し、釈放されている。

では、武井はなぜ、盗聴という禁断のアイテムを完全な外部に向けてしまったのか。青柳判決はこう指摘する。

「平成一二年一一月ころ、武富士の株価が急落したことがあったが、このことは、同社が経営資金の融資を受けていた海外の融資会社等から融資金の返済等を迫られることにつながりかねなかったことから、これに衝撃を受けた被告人武井は、その原因を調査させたところ、調査の過程で、山岡が、いくつかの雑誌等に武富士を批判する内容の記事を書いていると認識するに至った（もっとも、山岡は、その当時自分が執筆した武富士を批判する内容の記事は、『別冊宝島』に掲載された一篇のみであると供述している）。そこで、被告人武井は、そのような記事を執筆した山岡の背後には武富士を快く思わない黒幕的な立場の者がおり、その黒幕的人物が山岡にかかる記事を書かせているのではないかと疑い、その背後関係を探るとともに、黒幕的人物の責任を追及するため、中川に指示して山岡宅を盗聴させた」

自社の株価が気にならない上場企業の経営者はいないだろう。だが株価は会社に対するマーケットの評価だ。下がって困るのなら、市場の評価を変えるような業績をあげるほかはない。ところが武井は、「武富士は立派な会社だから本来の株価はずっと高い↓下がったのはけしからん報道のせいだ↓その背後には武富士を攻撃する黒幕がいるに違いない」と倒錯した思い込みを抱き、報道関係者の盗聴に及んだのである。

盗聴を〝正当化〟する弁護人

それに対し武井の弁護団（弘中惇一郎ほか）は、山岡が書いた『別冊宝島』の記事に加え、『財界展望』の記事、「ダウレポート」の記事、『ベルダ』の記事などは「風説の流布というべき違法性が高いもの」であり、その結果武富士の株価が急落し取り返しのつかない損失が生じる恐れがあったのだから、盗聴は正当防衛、ないし過剰防衛に準じた行為であって、違法性が減じられるべきだという驚くべき主張を法廷で展開した。

弘中は、武富士が『武富士の闇を暴く』という告発本を執筆した弁護士と出版社を訴えた名誉毀損訴訟（弁護士らが武富士に反訴、損害賠償を求め武井も訴え、三件が併合審理された）でも武富士と武井の代理人をしているが、二〇〇四年六月一七日付で東京地裁に提出した準備書面でも「山岡俊介の批判活動なるものの実態が『風説の流布』と言うべき違法性の高いものであり、裁判所もそれを認めた」などと根拠なく決め付けたうえ、以下のような主張を繰り広げた。

平成一二年一〇月頃から、翌年三月までの、言論の自由に名を借りた一連の「風説の流布」により、武富士の被ったダメージは大変なものであり、株価の急落により回復不能の莫大な損失が生じる可能性が高い状況が続いた。

被告武井保雄の盗聴行為は、このような異常な状況下、言ってみれば、「急迫不正の侵害」を受けている中で、合法的なあらゆる手段、すなわち資料に基づく説明、提訴、行政機関への救済申立、監査法人への調査依頼などをすべて尽くした上で、それでも効果がなく、時間の経過とともに被害がますます深刻になるという状況下で、何とか打開策はないかと模索する中で行われたものであった。

したがって、盗聴は「批判言論」を弾圧する目的で行われたものなどでは全くない。

いかなる状況下でも、違法行為をやってよいという理屈はないかもしれないが、正当防衛や緊急避難が罪にならず、また、過剰防衛や過剰避難の違法性が低いとされていることに明らかなように、問題の盗聴行為についても、その経緯や動機に照らして、その違法性の有無程度が判断されるべきである。

（武井を被告とする損害賠償請求訴訟への被告側第一準備書面。名を連ねている代理人弁護士は弘中惇一郎、鈴木武志ほか）

武富士の株価はなぜ下がったか

仮に山岡が『別冊宝島』に書いた記事のために株価が下がったとしても、山岡の自宅を盗聴することが正当防衛になるはずもないが、そもそも山岡の記事によって武富士の株価が下がったという主張自体、事実に反している。ここで簡単に検証しておこう。

武富士の株価は二〇〇〇年一一月七日（一万三三〇〇円）から一二営業日連続で下落し、二二日の終値は五六五〇円、下落前の約半値まで叩き売られた。武富士が『財界展望』を訴えた名誉毀損訴訟の東京地裁判決（二〇〇二年七月一二日）は、その主な理由が一一月二日付朝日新聞と翌三日付日経新聞の報道であると事実認定している。

「朝日新聞及び日本経済新聞は、全国紙であり、大きな影響力を有している上、朝日新聞及び日本経済新聞の記事は、原告（武富士）が架空金融商品の購入によって数十億単位の損害を被ったことを内容とするものであり、その内容に鑑みても、原告自身が朝日新聞の記事が出た直後にコメントを発表してこれに対応していることからも、原告の株価に対して大きな影響を与えたものと認められる」（同判決）

朝日の記事は、詐欺罪で逮捕、起訴された古倉義彦の架空金融商品を武富士が五六億円も「購入」していたというスクープであり、翌日の日経記事は、それを受けて武富士がその損失のうち三九億円を営業費用として計上すると発表したことを報じたものである。定評ある経済誌『エコノミスト』（二〇〇〇年一二月五日号）も「武富士株急落の真相」という記事で「市場が関心を持っていたのは、古倉被告との関係だ」と報じている。五六億円もの大金の運用を詐欺師に委ね、しかも七日から株価が急落を始めたにもかかわらず「二一日にようやく積極的に釈明を始めた」（前出・『エコノミスト』）、つまり二週間にわたって事態をきちんと説明できなかった武富士の不透明な体質が外資を中心とする株主に忌避されたというのが、株価急落の最大要因だったのだ。まさに自業自得というほかない。

ところが武井は「黒幕が山岡らを使って風説を流布し株価を急落させた」という手前勝手な妄想を抱き、山岡らを民事提訴する一方、「黒幕」を探り出すため盗聴という犯罪にまで踏み込んだ。武富士の根拠のない言い分を証券取引等監視委員会が受け付けなかったのは当然であり、もちろん裁判所の判決にも、山岡らの記事が風説の流布だと認定しているものはない。皮肉なことに、取材、報道の背後に「黒幕」がいるという妄想を最終的に打ち砕いたのは、ジャーナリスト宅の電話盗聴だった。黒幕など影も形も現れなかったからだ。

にもかかわらず武井は、二〇〇四年四月一二日の第三回盗聴事件公判で、勝手に黒幕と思い込んだレイク創業者・浜田武雄を「仕手株を勧められたので断った」「個人信用情報を私物化した」などと非難した（被告人質問）。武井は未だに、「黒幕」浜田が山岡らを使って風説を流布させ、株価を人為的に下落させたという妄想を信じ込んでいるのかもしれない。

株価下落に怯えた首領

山岡らの記事のために株価が急落したから盗聴せざるを得なかったという武富士の言い分はデタラメだが、株価の下落が盗聴の動機となったことは事実だ。そしてその背景には、武富士の特殊な株主構成と資金調達構造があった。

『週刊東洋経済』（二〇〇三年一二月二〇日号）は「株価下落に怯えた首領 徹底解剖・武井一族の株式支配」と題する優れた調査報道を掲載した。同記事は、武井保雄が二男で「暴君」の健晃への会社相続に遮二無二突進しようとしたことの問題を指摘したうえ、武井の権力の源泉『資本の力』の劣化」を抉り出している。

それによれば、武井一族は、四人の個人（武井保雄、妻の博子、長男の俊樹、二男の健晃）とファミリー企業九社（丸武産業、ＹＳＴインベストメント、大央、徳武、共栄など）によって、武富士株の六六・五二％を保有していた（二〇〇三年一一月）。ファミリー企業とは武井一族が出資する会社だ。

私も丸武産業に行ってみた。登記簿上の所在地は、東京都板橋区の古いマンション内。一階の集合ポストには表示があるものの、該当する部屋には表札もなく、電気メーターも止まったまま。管理会社も「ほとんどいらっしゃらないようですね。家賃はきちんと入れていただいていて、何のトラブルもありませんが」と話す。

武富士の株式公開前、ファミリー企業には、武富士の資金調達窓口の役割と、バブル期の土地や株への投機という二つの役割があったとされる。たとえば「徳武」は、武富士が闇社会との腐れ縁を深めた転機といわれる京都駅周辺での地上げの主体となった会社だ。一九九六年の株の店頭公開前、こうしたファミリー企業は投機の失敗で多額の債務超過にあえぎ、その処理が店頭公開へのハードルとなっていた。武富士は、これら企業が抱えていた土地を買い上げて財務問題を処理しようと図るが、通常の価格で買ったのではファミリー企業に膨大な債務が残るため、「委任の終了」という手口で事実上高値で買い上げ、巨額の節税も果たしている。

ところが、である。『週刊東洋経済』取材班が、積み上げると一メートルにもなる武富士の株式大量保有報告書を精査すると、ファミリー企業が武富士株を担保に巨額の借り入れを受けていた実態が浮かんだ。同記事はいう。

「武富士株を担保に差し出している先は実に七〇社。担保提供株数の合計は八一五〇万株。これは発行済み株式の実に五七％に当たる。……この構図がある中で、武富士株の下落は致命的だ。追加担保を迫られ、それが間に合わなくなれば、株式そのものを代物弁済で取られてしまうリスクがある。そうなれば、武井一族の保有株は散り散りになってしまう」

株式を公開するのは、証券市場、広く投資家から資金を安く安定的に調達するためである。公開した株式を一族が六六％も独占しているのでは、株式公開の意味がない。だが武富士は、株式自体は一族が独占しておき、それを担保に差し入れることで内外の多数の金融機関から融資を受けるという特殊な資金調達をしていたのだ。株価が下がれば追証（おいしょう）、つまり追加担保を求められるし、それが不足すれば武井の権力の源である株をとられてしまうことにもなりかねない。それが「急迫不正の侵害」なるものの実態だったといえる。

専制的オーナーたちの退場

その後、西武鉄道の有価証券報告書虚偽記載が発覚、東京証券取引所（東証）は同社株を上場廃止処分にした。堤義明がコクド（非上場）の株を持ち、コクドが西武鉄道の株を持ってグループ企業を支配する。土地と株の含み益を背景に一兆四〇〇〇億円の融資を受け、事業拡大に走る。こうした証券市場を無視した閉鎖的一族支配と含み益経営が壁にぶつかったのだ。百貨店のそごうも、事実上の持ち株会社だった千葉そごう（非上場）が各店舗会社に出資、貸し付けや保証の網をはりめぐらし、水島廣雄一族が融資総額二兆円のグループをオーナーとして牛耳り、結局は経営破たんした。武井の武富士、堤の西武、水島のそごう。その相次ぐ蹉跌は、上場を果たしたにもかかわらずマーケットと株主に背を向けた専制的オーナー支配が、もはや時代に通用しなくなったことを象徴する事件といえる。

貸金業規制法では、二五%以上の株式を自己または他人の名義で保有する支配株主に禁固以上の刑が確定した場合、貸金業免許が取り消されることになっている。この規定をクリアし免許取り消しを逃れるため、有罪判決を前に武井一族は複数の外資への株売却交渉を進めたが折り合わず、時間切れで一部は市場で売却、残りは第三者への売却目的で議決権を放棄して信託銀行に信託。武井一族の保有株が二五%を切ったのは、判決の日だったとされる。

武井有罪判決を受け、武富士は「判決を真摯に受け止め、再発防止のためコンプライアンス強化策に取り組み、失った信頼を取り戻すよう努力します」とコメントした。だが、三人いる同社の代表取締役の一人は、元丸亀支店長・藤井龍への盗聴に関与したとされる武井健晃であり、一族支配は未だに色濃い。

(注)刑事公判中の二〇〇四年四月七日、武井は山岡と会い、「調書は検事の作文」「えん罪だと言えば(保釈が認められず)体がもたなかった」と言って山岡をだまし、「示談書」にサインさせた。この一件も武井の「反省」を疑わせる。(寺澤有「『カネですべてを解決する!!』武井前会長が判決までに企てた裏工作のすべて」『別冊宝島 日本ダブー事件史』参照)。

2　言論弾圧訴訟の構図

武富士＝武井にとって、株価維持のための盗聴と批判封じのための提訴は切っても切れないものだった。本章では言論弾圧、報道つぶしのための提訴の不当性を考えるが、まず、提訴されるまでもなく武富士に懐柔されてしまった大手マスコミのていたらくから俎上にのせよう。

ご接待と記事つぶし

なぜこんな老人がアンタッチャブルだったのか――。武井保雄の盗聴事件公判に通いながら、私はそんな疑問を抑えられなかった。

たしかに武井は、小さな団地金融から出発し、資金調達に四苦八苦しながら武富士を東証一部上場、日本経団連加盟のサラ金業界トップにまで一代で育て上げた功労者だ。優れた経営手腕と親分肌を、今でも慕う関係者も多い。その小さな体は、かつてはオーラを放っていたのだろう。

それにしても、だ。いくら大きくなったとはいえ、武富士は利息制限法も守らない高利貸しであり多重債務被害の元凶だ。京都駅周辺での地上げや株上場に絡んで闇社会と抜き差しならぬ腐れ縁があることも、広く知られていた。にもかかわらずこの国のマスコミは、武富士元法務課長・中川一博が、七一本もの盗聴テープや盗聴費用支出を承認した稟議書、盗聴費用支払いを裏付ける探偵会社の領収証など多数の証拠をもって「会長の犯罪」を告発した後になっても、見事なまでに沈黙を守った。警視庁捜査二課の捜査員たちが、東京・西新宿の武富士本社ビルに強制捜査に踏み込むその日まで。武富士事件は、武富士マネーに群がったマスコミ業界の腐敗も浮かび上がらせた。

●一九九六年八月六日。赤坂新羅で会食し七万四二〇〇円。日経編集局次長、日経兜町クラブキャップを佐々木理・武富士常務が接待。共同PR社員が同席。

●同年八月二三日。弁慶で会食し約六万円。朝日新聞論説委員を佐々木が接待・共同PR社員同席。

●一九九七年一月三〇日。千山閣で会食後、クラブ・ルポアールへ繰り出し、約九万円。週刊ポスト副編集長を佐々木、T武富士広報課長が接待。共同PR役員が同席。

これは、中川が武富士社内から持ち出した「マスコミ接待リスト」の一節だ。武富士幹部らがマスコミ幹部のご接待に励んでいる様子が生々しく記録されている。ちなみに共同PRというのは、年商三五億、社員一九〇人の大手PR会社で代表取締役は大橋栄である。

共同PRが武富士による記事つぶしに関与していたことは東京地裁と東京高裁の判決で事実認定されている。問題の裁判は、武富士が会員制月刊誌『ベルダ』を発行するベストブックを訴えたもので、『ベルダ』二〇〇〇年一二月号に掲載された「『風説』に晒された武富士の因果」という記事が事実に反し同社の名誉を毀損したというのが武富士側の言い分だった。記事は「マスコミへの対応でも、フィクサー気取りの人物などが記事つぶしに動くなど、露骨な対応が顰蹙をかってきた」と武富士の体質を批判、その真実性が法廷で真っ向から争われた。

二〇〇二年三月一三日の東京地裁（新谷晋司裁判官）判決はこう認定している。

「『ベルダ』一九九六年二月号の発行日の一〇日くらい前、恩田（貢）から被告の編集長新谷（修二）に対して、二月号記事の掲載中止を要請する電話がかかってきたこと、その後も被告代表者千葉（弘志）に対して、恩田から数回電話がかかってきていたこと、その当時恩田は、『ぴーぷる社』及び『政界出版社』の社長で、千葉とは十数年来の知人であり、原告（武富士）は、ぴーぷる社、政界出版社の広告スポンサーという関係にあったことが認められる」

「『ベルダ』一九九六年一二月号の発行日の一週間あまり前に、フリーライターのIが新谷に対して電話をかけ、原告の広報部長佐々木が困っているので何とかならないかなどといってきたこと、同日、佐々木が新谷に面会を申し入れてきて、面会した際に一二月号記事の掲載見送りを求めたこと、その翌日には、共同PR社長である大橋から千葉に対し、電話で一二月号記事の掲載見送りを求めたこと……が認められる」

「恩田、I及び大橋自身には……掲載見送りを求める独自の理由は認められないこと、I及び大橋が一二月号記事の掲載見送りを求めたのと同時期に、原告の広報部長である佐々木も一二月号記事の掲載見送りを求めていることなどからすれば、恩田、及び大橋は、原告の意向を受けて被告に対して原告に関する記事の掲載見送りを求めたものと推認される」

「してみると……フィクサー気取りの人物などが記事つぶしに動いたという事実の主要部分についていては、それが真実であることが認められる」

二〇〇二年九月二五日に言い渡された東京高裁（濱野惺裁判長）も、その点の判断は変わらなかった。つまり武富士は気に入らない記事の掲載をつぶすため、出版社社長やPR会社社長を使い、さらに広報部長自ら直談判していたのである。ちなみに武富士がつぶそうとした記事は、「武富士がつけたマスコミ人の偏差値」（九六年二月号）と「武富士・武井保雄を悩ます税金問題」（同年一二月号）というものだった。

「サラ金の帝王」と「電通の天皇」

だが、武富士の暗部がマスコミのタブーとなったのは「電通の力」抜きには考えられない。

年一兆三六七六億円もの売上（二〇〇三年三月期）を誇る広告業界のガリバーは、「広告の企画制作から、ブランド・コンサルティング、メディア・プランニングなど、多様なサービスを統合して提供」するとうたう。ブランド・コンサルティングとは、たとえば「怖いサラ金」を「明るく親しみやすい消費者金融」にイメージチェンジすることだ。

ジャーナリスト山岡俊介が明かす。

「武富士は山梨にテイクワンカントリー倶楽部というゴルフ場を持っているんですが、武井（前会長）は電通の成田豊（会長）とそこで定期的にプレーする仲でした。中川（一博・元課長）が同席したこともあります」

「電通の天皇」と呼ばれる成田は、武富士の「慶弔見舞ランク一覧」にも登場するなど武富士のドン・武井と懇意だった。トップ同士の絆もあって、電通は武富士による「マスコミ対策」に深く関わっていく。武富士元法務課長中川の業務日誌（中川メモ）によれば、一九九三年一月二七日、武富士本社一〇階の会議室で「京都案件マスコミ対策」会議が開かれた。

京都案件とは、武富士が同和団体・崇仁協議会に依頼して京都駅周辺で繰り広げた地上げをめぐるトラブルのことだ。

その頃、武富士と崇仁協議会が衝突、武富士側は山口組系山健組のフロント企業・芙蓉を使って崇仁協議会を攻撃していた。崇仁協議会側も武井会長宅に抗議に押しかけるなど反撃。さらに武富士の顧問弁護士にも巨額の地上げ代金着服の疑いが浮かぶなど事態がこじれきるなか、九三年四月一五日には崇仁協議会役員が二人組みの男に射殺されるという事件まで起きた（犯人不明）。役員の体には一七ヵ所の穴が空き、体内に銃弾が残るというすさまじさだった。

会議は、こうした抗争による「当社（武富士）のイメージダウンを最小限に押さえる方法の検討」をテーマに開かれ、常務をはじめ武富士の担当者、弁護士二人のほか電通社員四人が参加した（中川も同席）。

会議では、電通が「（週刊誌は）京都府警の記者から材料をもらって記事にする。原則的には記者と会う必要はない。話せば話すほど当社に取って不利になる」とアドバイス。「今後の戦略」として、「世間の目を最初に弁護士に向けさせる事により同和、ヤクザが薄れる。武富士が気の毒と思わさせる」と、京都地上げ問題を「悪徳弁護士問題」として描き出すこと、情報管理を徹底することなどを確認している。

報道対策に幹部を派遣

武富士と電通によるメディア・コントロールは昔話ではない。電通は盗聴が疑惑から事件になる直前の二〇〇三年四月、「コンプライアンスあるいは広報対策等の切り札を」という武富士側の要請に応え、第三マーケティング・プロモーション局次長だった鳥居達彦を武富士に出向させている（六月末で電通を退社し武富士に移籍、八月初旬に退社）。

電通に籍を置いたまま武富士広報担当部長となった鳥居は、ジャーナリスト寺澤有が『週刊プレイボーイ』で武富士と警察との癒着を書いたところ、その発売直前に副編集長に直談判。発売後には、同誌を発行する集英社社長に会っている。

ジャーナリスト盗聴事件の捜査が進んでいたこの時期、電通はどういう意図で優秀な社員を武富士に出向させたのか。電通に取材したところ、次のようなコメントが返ってきた。

「（〇三年）鳥居達彦は四月から六月まで当社在籍のまま武富士様で（広報）業務に専念、六月末をもって当社を退社しております。その後、武富士様に入社したと聞いております。出向時の業務や当社との連絡については個別の取り引きなのでお話できません。取引先への出向は多くはありませんが、取引事案によってはございます」（広報室）

ところで鳥居はなぜ一カ月ほどで武富士を去ったのか。同社元幹部は「鳥居さんは元々広報部長から将来は役員含みで移籍してきたのですが、武井会長が日本テレコムからきた石原（勝一郎）さんを広報部長に抜擢し、鳥居さんはポジションを失ったのです」と解説する。

鳥居は、電通時代に培った人脈を活用しながら、メディア関係者と膝を突き合わせて話し、報道をつぶすのではなく懐柔しようとしていた。そうした手法が「生ぬるい」と武井会長の不興を買い、会長の言うことをきく石原氏が重用されていく。メディアを訴えれば当然のことながら出入りできなくなるため、「メディアと話をつける」ということをめざす出番がなくなり、クビ同然で放り出された。その後、武井―石原ラインで批判的報道を次々に訴え、ホームページでも攻撃するという強硬路線が前面に出ていった（『電通の正体』週刊金曜日ブックレット、参照）。

狙われた中日新聞記者

「Sという記者は偏った取材をしている！」

「こちらには録音テープもある」

「近いうちに名古屋に抗議に行く」

二〇〇二年一一月、中日新聞社（本社・名古屋、『中日新聞』『東京新聞』などを発行）の広告局（東京都港区）に武富士から強い抗議があった。

中日新聞生活部の記者Sは、多重債務問題をつうじて武富士被害に出会い、熱心に取材を進めてきた。抗議の数日前、Sは多重債務救済に取り組む弁護士らの会合に参加。意見をもとめられ、会場から取材経過を説明していた。その一部始終が何者かによって密かに録音され、武富士の手に渡ったのだ。

すべてが見張られているような気がしてSは背筋が凍ったが、中日新聞、東京新聞の同僚記者たちと協力、怯むことなく取材を進めていった。その成果は、二〇〇三年七月三一日付「特報面」

での社員の過酷な勤務実態の記事、九月一一日付「特報面」の、社員に「債務者が返さなかったら自分がかわりに返す」という債務保証をさせていた問題の特集へと結実していく。

社員に債務保証させていたことは広報部長石原（当時）も認めていたが、武富士は記事に猛反発、年間約一億円の広告が打ち切られた。「武富士にどう対処するかは社内でも問題になりましたが、広告局と編集局で話し合い、結局『広告と編集は別』と筋を通すことになったようです」（中日新聞関係者）

S記者は振り返る。

「会社に一億円も損をさせて、盗聴事件がはじけなかったらかなりまずい立場でしたね（苦笑）。中日が書いたといっても、フリーの人たちに比べればたいしたことはありません。広告を通じた圧力、訴訟への恐れ、警察が動くまで紙面化にしない体質など、武富士取材を通じて新聞社の抱える弱さも考えさせられました」

もし『中日』を除くマスコミ各社に何の働きかけもなかったとすれば、それは大広告主の機嫌を損ねるような報道が徹底して自主規制されていて、武富士がわざわざ口を出す必要もなかったのかもしれない。

「馴れ合いジャーナリズム」

『ニューズウィーク（日本版）』二〇〇四年八月四日号は「おかしいぞ！　日本のマスコミ」という特集を掲載し、武富士問題を日本の大手メディアがなかなか報じなかったことを「なれ合いジャーナリズム」の一例として批判している。

「NRCハンデルスブラッド紙のバン・デル・ルフトは、二〇〇三年に起きた消費者金融大手の武富士によるジャーナリスト盗聴事件を大きく伝えた。彼によればこの一件は、すでに日本人フリージャーナリストが名誉毀損で訴えられる覚悟で週刊誌に書いていたが、大手新聞は無視した。『なのに武富士の会長が逮捕されると、（新聞は）いっせいに緊急ニュースのように伝えはじめた』」

日米首脳会談での不祥事隠し、首相官邸取材のお約束、フリー任せのイラク取材、そして記者クラブの閉鎖性。ステロタイプ化された批判ともいえるが、同特集のリードは、日本のメディアで働く端くれとして耳に突き刺さってくる。

「一般読者よりも体制側のご機嫌が大事。首相の記者会見ではあらかじめ質問が決められ、重要だが危険な取材はフリージャーナリスト任せ。日本のマスコミは、どこかおかしい。『民主主義の番犬』という役割を忘れたなれ合いジャーナリズムに、未来はあるのか」

企業行動憲章

武富士はこうして、大マスコミは広告と広告代理店でコントロールし、そのコントロールが効かない中小メディアとフリージャーナリストには高額訴訟を乱発していった。まさにアメとムチの巧みな使い分けである。私たちは、広告を使った圧力も、高額訴訟による批判封じも当然不当だと考えるが、武富士のような名誉毀損訴訟の乱発がなぜ不当なのかを、法律や判例のいう不当提訴の要件とは別の角度から少し考えておきたい。キーワードは「企業の説明責任」である。以下武富士に即して考えるが、これは企業の疑惑や不祥事の取材、報道全般に通じる論点といえる。

武富士も加盟している日本経団連は、会員企業が守るべき規範として二〇〇二年一〇月、「企業行動憲章」を定めている。武富士も加盟に際してその遵守を誓約しているので、法令に準じて遵守する責任を負っている。

企業行動憲章は、

第一に「社会的に有用な製品・サービスを安全性や個人情報・顧客情報の保護に十分配慮して開発、提供し、消費者・顧客の満足と信頼を獲得する」とうたい、

第三に「株主はもとより、広く社会とのコミュニケーションを行い、企業情報を積極的かつ公正に開示する」とし、

さらに第一〇として「本憲章に反するような事態が発生したときには、経営トップ自らが問題解決にあたる姿勢を内外に明らかにし、原因究明、再発防止に努める。また、社会への迅速かつ的確な情報の公開と説明責任を遂行し、権限と責任を明確にした上、自らを含めて厳正な処分を行う」と定めている。

訴訟も武井の指示

武富士は二〇〇二年一一月に日本経団連に加盟したが、その前月には三七件の過剰融資、違法取り立ての事案について関東財務局に行政処分の申し立てがなされ、関東財務局が同年一一月か

ら翌年三月まで、異例の長期にわたる立ち入り検査を同社に対して行った。また二〇〇三年一月には、大阪労働局がサービス残業問題で、武富士本社、大阪支社などに家宅捜索に踏み切っている。三宅が武富士を取材したのは、こうした時期であった。

企業行動憲章の規定およびその精神からするなら、このように顧客や従業員とおびただしい係争が生じ行政庁に調査されていた武富士とその経営トップ・武井は、自ら進んで説明責任を果たし、貸金業規制法や労働基準法をはじめとする法令にふれたり、その他社会的にみて不適切な行為があるなら謝罪、是正し、係争の自主的解決につとめるべきだった。また記者による取材という形で「消費者・顧客の満足と信頼」を著しく損なうという「本憲章（企業行動憲章）に反するような事態」の可能性を知った場合にも、「社会への迅速かつ的確な情報の公開と説明責任を遂行」をすべきであった。

企業とジャーナリズムとの紛争を、社会から、あるいは消費者市民から切断し、「一対一の紛争」と捉えれば、企業は取材に答えても答えなくても構わないということになるかもしれない。だが、三宅が『週刊金曜日』に書いた「武富士残酷物語」のような公共性の高い調査報道は、顧客、消費者市民あるいは従業員を代弁する問題提起であって、それらの訴えにまったく耳を傾けないというのは企業行動憲章に抵触し、企業倫理に反した振る舞いといわざるを得ない。

第Ⅰ部でもみたように、武富士とそのトップ・武井は、苦情や批判に応えて業務を改善するのではなく、批判を叩き潰すことで業務の問題を隠蔽しようとした。

『読売新聞』（二〇〇三年一二月四日付）は、その点を次のように報じている。

「武井容疑者に近かった元社員の証言によると、広報担当の社員が独自ルートで、批判記事が掲載された雑誌の記事を発売日前に入手して武井容疑者に報告すると、事実関係にかかわらず、『何とかならないのか』とどなり、雑誌社に暗に〝圧力〟をかけるよう求めることもあった。また、自ら請求額を示して『訴訟を起こせ』と指示することもあったといい、報道を巡る訴訟は事実上、武井容疑者の意向に基づいて起こされていた」

検察冒陳が明かした「マスコミ対策」

顧客や従業員、広く社会から投げかけられた疑問や批判に対し、きちんと説明することなく圧力をかけて記事つぶしを図り、それが通じないといきなり高額訴訟を起こす。そうした武富士の「マスコミ対策」なるものの一端が、武井盗聴事件公判での検察側冒頭陳述で明かされている。

(1) 武井(保雄)は、二〇〇三年五月一六日から一七日にかけて開催された武富士の全国支店長会議の席上で、今後は武富士を批判するマスコミに対しては、広報活動を通じて積極的に反論する方針を表明した。

(2) 武井は同月二三日ころに開かれたマスコミへの対策会議の席上で、武井の指示によってなされた一連の盗聴行為について、「盗聴なんて、断じてそんなことはやっていない」「心外だ」「私がそんなことをするわけがないだろう」等と発言した。

(3) 武井は、武富士を攻撃するかのような記事の信憑性を落とすためには、かかる記事を執筆したジャーナリストらが信用できない人物であることを強調する必要があると考え、同月二六日にも、マスコミへの対策会議を開き、石原勝一郎（広報部顧問）らに対し、「マスコミに対してはガンガンやれ」「広報はきちんと言え」「ホームページ上で断固としてやれ」等と発言し、ホームページ上で徹底的にマスコミに反撃することを指示した。

（4） さらに武井は、このころ、マスコミへの対抗策を協議する目的で、武富士の重役らで構成された特別調査委員会を設置し、自らその最高顧問の地位についた。

（5） 武富士ホームページに掲載する山岡らへの反論の文案を石原が持ってくると、武井は「石原君の文章はスマートすぎて迫力がない。もっと泥臭く」「何で『訴える』と書かない」など、ホームページの掲載内容についても詳細に指示した。

この検察冒陳は、二〇〇四年五月二一日、第四回武井公判で検察官が読み上げたものだ。通常、冒頭陳述は第一回公判でなされるが、この日、武井が盗聴に加え名誉毀損でも起訴されたため、名誉毀損の起訴状朗読、武井の罪状認否に続いて名誉毀損に関する冒頭陳述が行われた。武井による名誉毀損とは、盗聴被害者の山岡に対し、ホームページ上で犯罪者扱いするなど誹謗中傷したもので、罪状認否で武井は起訴事実を認め、判決でも名誉毀損も「罪となるべき事実」とされた。

もちろん、一般に企業が意に反した報道に対し、「広報活動を通じて積極的に反論する」ことは当然であり、消費者市民の知る権利からもむしろ望ましい。だが武富士のマスコミ対策とは、通常の広報活動ではなく、盗聴をはじめとする武井と武富士の犯罪をもみ消すためジャーナリストに人身攻撃を加えたり、高額訴訟などによってその業務を妨害するというものだった。

武井に「ガンガンやれ」「もっと泥臭く」と命令されジャーナリスト攻撃の片棒を担いだ石原は、武富士とマスコミの訴訟について特集した『東京新聞』（二〇〇三年一一月一五日付特報面）で、マスコミに対する訴訟全般について次のようにコメントしている。

「当社は、ペンの暴力とも言うべき、事実でない、あるいは読者に誤解を与え企業イメージを失墜させかねない記事を掲載した一部雑誌の出版社等に対し、出版物など発表手段を持たない会社が法治国家において当然許される対抗手段として訴訟を提起しており、批判的報道を抑える意図は毛頭ありません」

たしかに日本国憲法は、国民に裁判を受ける権利を広く保障している。そのため、裁判所が「裁判を起こすこと自体が違法」と判断するハードルは高い。最高裁は、土地の測量をめぐって不当に訴えられたとして土地家屋調査士が起こした損害賠償請求訴訟（損害は弁護士報酬相当額）の判決で、一九八八年一月二六日、次のように判示している（『判例タイムズ』六七一号、一一九ページ）。

「民事訴訟を提起した者が敗訴の確定判決を受けた場合において、右訴えの提起が相手方に対する違法な行為といえるのは、当該訴訟において提訴者の主張した権利又は法律関係が事実的、法律的根拠を欠くものであるうえ、提訴者が、そのことを知りながら又は通常人であれば容易にそのことを知りえたといえるのにあえて訴えを提起したなど、訴えの提起が裁判制度の趣旨目的に照らして著しく相当性を欠くと認められるときに限られるものと解するのが相当である」

これは、敗訴したからといって安易に訴え自体が違法と認め賠償責任を課すと、誰でも裁判を受ける（起こす）ことができるという憲法上の権利を不当に制約しかねないためだ。だが、だからといってどんなデタラメな訴訟でも起こして構わないということにはならない。最高裁判決からいっても、「紛争の終局的解決」という裁判制度の趣旨目的に著しく反する裁判提起は違法な行為となる。武富士が一部訴訟で自ら認めたような、紛争解決ではなく報道の抑圧、牽制を目的とする提訴は違法不当であり許されないのだ。

常軌を逸した弁護士攻撃

こうした言論弾圧、報道つぶしと密接に関連した問題に、多重債務被害救済に取り組んできた弁護士への攻撃、弁護士業務妨害がある。とくに釧路弁護士会所属の弁護士・今瞭美（こん・あけみ）に対する攻撃は常軌を逸している。武富士による弁護士業務妨害事件を解明したのは、消費者問題や労働問題に取り組む仙台の弁護士たちだった。

「新里を助けよう」

武富士が『武富士の闇を暴く』を書いた弁護士・新里宏二（仙台弁護士会）らを名誉毀損で訴えたとき、仙台の弁護士たちが立ち上がった。中心は、塵肺問題など労働裁判のエキスパートの山田忠行弁護士ら。証拠を精査するうち、今への攻撃が突出していることがわかった。刑事告訴、懲戒請求、「今弁護士事件被害者の会」のデッチ上げ。

「こんなことをされたら、自分なら弁護士を続けられなくなる」

仙台の若い弁護士たちは憤り、「今さんも守ろう」と機運が高まった。だが、攻撃の前面に立っているのはいつも鈴木武志弁護士。武富士は、その影に巧みに隠れていた。

二〇〇四年一〇月八日、『闇を暴く』名誉毀損訴訟で証人尋問が行われた。山田らは武富士専務の近藤光から、「今さん攻撃」が武富士の会議の報告事項だったという決定的証言を引き出した。

証人尋問が終わって、時間が空いていた今と支援者を、私は『週刊金曜日』編集部に案内した。応接室で、編集長の北村がねぎらった。今が近藤の証言について話すと、北村が手を打った。「次号でそれ、いこう」。私はすぐに編集部のパソコンを借りて、「今弁護士攻撃は武富士のやらせだった!?　近藤光専務が法廷で『関与』を告白」という記事を書いた。

有名弁護士が依頼人から「横領」で刑事告訴された。マスコミにも批判記事があふれたが、裏で糸を引いていたのは、暴力団や警視庁と癒着した大企業だった。対立する弁護士からバッジを奪おうとしたのだ――。

そんなサスペンスまがいの弁護士業務妨害の一端を、サラ金大手・武富士の近藤光代表取締役専務が告白した。多重債務者救済に尽力する今瞭美弁護士への執拗な攻撃への同社の関与を法廷で認めたのである。

〝衝撃の証言〟は一〇月八日、単行本『武富士の闇を暴く』が武富士の名誉を傷つけたとして、同社が編著者の今瞭美弁護士ら三弁護士と出版元の同時代社を訴えた名誉毀損訴訟の口頭弁論で飛び出した。

原告・武富士側証人として証人尋問に臨んだ近藤専務に対する、被告の新里宏二弁護士や被告代理人の山田忠行弁護士らによる反対尋問でこんなやりとりが交わされた。

新里「弁護士グループ（代表＝宇都宮健児弁護士）が武井保雄前会長を盗聴で告発した際、武富士がホームページに掲載した反論に『グループには横領で刑事訴追された弁護士がいる』とあるが、訴追された弁護士とは誰のことか」

近藤「今弁護士だと認識している」

今弁護士が訴追された事実はないが、武富士から金を借り同弁護士に債務整理を委任したF氏から、自分の金を横領したとして昨年（二〇〇三年）三月、刑事告訴された。告訴の代理人は鈴木武志弁護士（武富士顧問）と澤新弁護士（同社現取締役、元検事）だ。鈴木弁護士を代理人に、弁護士会に懲戒請求も申し立てられた。

新里「（債務者と貸金業者は利益が相反するので）F氏の委任を受けるには武富士の許可がいるはずだが、鈴木弁護士は許可を得たのか」

ここで武富士代理人の弘中惇一郎弁護士が「異議あり、関連性がない！」と声を張り上げるが、山田弁護士が「武富士が今さんを狙い撃ちしたことを立証する」と一蹴。

その後、近藤専務が「細かいことはわからないが、会議で報告を受けた」と口を滑らせた。

新里弁護士がすかさず「どういう場で誰から報告を受けたのか」と話を詰める。

近藤「（武富士と）弁護士との調整、打ち合わせで鈴木弁護士から」

新里弁護士は「告訴したのは債務者なのに、なぜ武富士の会議で報告がされるのか」と追及。

すると近藤専務は「(鈴木)先生には、その件だけお願いしているわけではない」と証言、今弁護士攻撃に武富士が深くかかわっていることをうかがわせた。武富士代理人として、代理人席の一番傍聴席寄りに座っていた当の鈴木弁護士の顔が青ざめた。

昨年一月末、そのF氏を代表に、「今瞭美弁護士事件被害者の会」と称する実体のない会が旗揚げされ、F氏が運営責任者と記された「被害者の会ホームページ」も開設された。F氏が自ら命を絶ったのは、それから三カ月後のことだ。ところがホームページは、不思議なことにその後も更新された(昨年六月閉鎖)。

『夕刊フジ』の連載「クレサラ騒動の内幕」の昨年五月一〇日付の回に、鈴木弁護士が興味深いコメントを寄せている。「今弁護士は、自分のHP『武富士の部屋』で、いろんなことを書き続けている。それなのに自分のHPは正義、私のは許さない、という態度はおかしい」

コメントの直前を見ると「鈴木弁護士のHP『今瞭美弁護士事件被害者の会』」とある。ホームページが鈴木弁護士のものだとすれば「代表」「運営責任者」が亡くなった後も更新されていた謎はたしかに解ける。

近藤証言の真意を武富士に質したが、「係争中なので何も言えない」の一点張りだ。

今弁護士への横領での刑事告訴は不起訴で、懲戒請求は「懲戒しない」という結論で、いずれも決着をみた。今後はジャーナリストへの弾圧とともに、武富士とその顧問弁護士が手を染めた異常な弁護士業務妨害の責任も追及していかなければならない。

(『週刊金曜日』二〇〇四年一〇月一五日号)

この近藤証言によって、武富士、その顧問弁護士、一連の攻撃という疑惑の「点」がつながり、一本の「線」になった。二〇〇五年一月三一日、今瞭美への弁護士業務妨害反撃訴訟の第一回口頭弁論が開かれた(提訴は〇四年一一月一七日)。今が武富士と同社元会長・武井保雄、同社顧問弁護士・鈴木武志を相手取って一一〇〇万円の損害賠償と謝罪広告を求めたのだ。

武富士らが今弁護士に、「今弁護士事件被害者の会」をデッチ上げ、告訴や懲戒請求など執拗な業務妨害を行なったという訴状(『消費者法ニュース』六二号に全文掲載)と、各被告の答弁書等が陳述された後、原告の今と原告代理人の弁護士・山田が意見陳述に立った。今は、「一挙手一投足が監視されているようで熟睡できなくなった」とし、「被害者の会」世話役にされた元依頼人の自殺にふれ、「依頼者、相談者まで巻き込む理不尽を直ちにやめてほしい」と切々と訴えた。常軌を逸した攻撃のなか、今は一時、「武富士は私がノイローゼになり自殺でもするのではないかと思っているのでしょうか」という手紙を知人に出すまでに追い込まれていた。

山田は、武富士・武井元会長、顧問弁護士の共謀による今いじめが「弾圧と呼ぶに値するすさまじいものだ」と喝破。鈴木については、「武富士の依頼が違法行為に該当する場合には、その旨を進言し、再考を求める立場にありながら」違法な弁護士業務妨害に手を貸したとし、「同業の弁護士として恥ずかしい」と苦言を呈した。言論弾圧と軌を一にする弁護士業務妨害の責任追及の火蓋が切って落とされた。

3　仕掛けられた高額化

弁護士会シンポの激論

「『バカの壁』ではないが、司法とメディアの間には乗り超えられない何かがあるのではないか」

『週刊ポスト』編集部などを経、メディア訴訟も数多く担当してきた小学館総務局ゼネラルマネージャーの山了吉はぼやいた。

二〇〇三年一一月二〇日、東京・霞ヶ関の弁護士会館で、東京弁護士会人権擁護委員会「人権と報道部会」主催のシンポジウム「表現の自由と名誉毀損・プライバシー　損害賠償額はどうあるべきか」が開かれた。コーディネートをつとめたのは、人権と報道部会の部会長で弁護士の弘中惇一郎。パネラーには山のほか、報道被害者で女優の岩本亜弓、『噂の真相』編集発行人（当時）の岡留安則、東京高裁元判事の升田純、テレビ朝日などの代理人をつとめる弁護士秋山幹男がならんだ。

パネルディスカッションのなかで山は、マスコミ関係者が元東京高裁判事塩崎勤（現・桐蔭横浜大学教授、弁護士）の話を退官直後に聞いたときのことを紹介した。塩崎は裁判官時代の二〇〇一年五月、名誉毀損訴訟の賠償額を旧来の一〇〇万円から、交通死亡事故の賠償額の二五％を目安に五〇〇万円に引き上げるよう提言する論文「名誉毀損による損害額の算定について」（『判例タイムズ一〇五五号』）を執筆し、名誉毀損賠償額の高額化に先鞭をつけたことで知られる。

塩崎は、「名誉ある人が名誉を毀損されるんで、ない人はあまり毀損されない。名誉とは地位のことだ。五〇〇万円は最低線で、それを基準に上がっていく」などと述べ、「政治家や官僚、有名人を一般市民より手厚く保護するのはおかしいのではないか」というメディア側出席者と激論になった。塩崎が一向に耳を傾けようとせず、議論がすれ違いに終わったことを山は「バカの壁」にたとえたというわけだ。

私生活をめぐる週刊誌の記事で傷つけられた岩本の「無名だったからこそ報道被害が大きくなった」という発言の後、弘中が突然、会場にきていた塩崎を指名した。塩崎は、「交通事故では賠償額が上がっているのに、名誉毀損の賠償額が一〇〇万円に固定されているのはおかしいと議論を深めるため、判例タイムスの論文ではアドバルーンをあげた。名誉は個人の名誉感情ではなく社会的評価のことだ」と持論を繰り返した。

岡留が、「地位が高い人は賠償額も高い、というのは話が逆だ。それでは『強い人』に批判の刃が向けにくくなる。公人やそれに準ずる人への批判は最大限尊重されるべきだ」と反駁。秋山は「具体的事例のモデルなしに基準金額だけ出すのはおかしい。賠償額を高額化すべき（悪質な）ケースがあるのは否定しないが、画一的高額化は表現、報道への萎縮効果は避けられない」と指摘する。その後も、「週刊誌はよく『売らんかな主義』『儲けを吐き出させろ』と言われるが、廃刊、休刊する雑誌も多くメディアは脆弱な経営基盤に立っている。吐き出すような儲けはない」（山）、「いまの名誉毀損訴訟は戦前の治安維持法にも匹敵し、ニュースソースを秘匿すると敗訴する。森元首相の買春疑惑、野中弘務元自民党幹事長の同和利権疑惑でも負け、もうやっていられないと『噂の真相』の休刊を決めた」（岡留）とメディア側は賠償額高額化に強い危惧を示した。元裁判官の升田が「五〇〇万円に根拠はない。画一的処理は問題で裁判官の知恵が問われる」と応じる場面もあったが、根本的な点で議論は最後までかみ合わなかった。

東京弁護士会がシンポジウムを開いたのは、名誉毀損の賠償額高額化の流れが急ピッチで進み、そのなかで裁判所側から「五〇〇万円基準」と「点数評価」（点数表）が打ち出されたことを検証し、「報道と人権」にかかわる論点を整理するためだった。

与党と最高裁が手を組んで

話は森喜朗が自民党幹事長だった一九九九年にさかのぼる。前年の参議院選で大敗した自民党は不人気は報道のせいだと短絡し、テレビ朝日のダイオキシン報道や臓器移植報道などが議論を呼ぶ状況を利用しながら報道規制を本格的に検討し始めたのである。同党はそのため、「報道と人権等のあり方に関する検討会」を設置した。週刊誌報道がもとで疑惑政治家のクビが飛ぶこともめずらしくないとあって、党内には「雑誌を何とか押さえたい」という空気が満ちていた。

同年八月、検討会はメディアに対する法規制の導入と司法を通じた報道統制の強化（積極的な出版差し止め、名誉毀損の損害賠償額高額化）を打ち出した。前者は個人情報保護法、人権擁護法案、青少年有害社会環境対策法案の、いわゆる「メディア規制三点セット」として法案化され、個人情報保護法はすでに制定されたが、後者は日本の裁判実務を大きく変えていく。ほんらい行政や立法から独立しているべき司法が、報道規制をめざす濁流に呑まれていくプロセスは以下のとおりだ。

自民党検討会がメディア規制の狙いを公言した報告書をまとめた翌二〇〇一年、今度は国会で、公明党議員が「損害賠償額が低すぎる」との質問を繰り返す。公明党幹事長・冬柴鉄三の質問はこんな具合だった。

「週刊誌でまったく事実無根のことを書かれ、本人にとっては大変深刻な名誉を侵害されたという訴えを起こしましても、容認される額がまことに雀の涙というのが実情だ」

「アメリカでは懲罰的賠償制度があり、一〇〇万ドル、一億数千万円を超える例も出ている。これは報道による人権侵害というものを許さない姿勢から出ているものだと思う。日本では、なぜこれが認められないのか」

弁護士でもある冬柴の質問は、日米の民事訴訟制度の違いや名誉毀損訴訟の実情を調べたうえでの踏み込んだものだった。だが、一般市民の権利侵害をどう防ぐかという点ではまっとうな問いかけも、そのことと政治家や大企業の名誉とを混同するなら危険な報道統制につながりかねない。「誰を取り上げたどんな内容の報道か」「名誉毀損と訴えているのは誰なのか」を抜きにして、ただ「賠償額が低すぎないか」と問うのは、表現の自由を軽視した議論に聞こえる。

それに対し、答弁に立った最高裁民事局長（当時）の千葉勝美は、

「許容される賠償額が低いということが一部のマスコミにおいて、名誉を毀損する言論活動に走る一因になっているのではないか、という意見があることは、われわれも承知している。適切

な慰謝料額の算定のあり方については十分問題意識を持っており、下級裁判所に対して機会をとらえて情報提供しているところだ。これからも委員（冬柴議員のこと）のご指摘も含めて、さらに情報提供を続けていきたい」

と述べた（二〇〇一年五月一六日、参議院法務委員会）。

報道を交通事故扱いする「点数表」

こうした政治の動きを追い風に、報道を交通死亡事故と同一視したうえで賠償額の目安を一挙に五倍に引き上げろという塩崎論文が出され（五〇〇〇万円基準）、さらに司法研修所がつくった「損害賠償実務研究会」が、慰謝料算定の際に考慮すべき要素をピックアップした算定基準を点数表にして提示した（一七七ページに転載）。

報道を交通事故と同一視する発想自体が根本的に歪んでいるが、この点数表はそうした発想の歪みを象徴的に示している。「一点一〇万円」の計算で、テレビなら一〇点、新聞は九点、週刊誌は八点、本人の顔写真を載せたら一〇点と、点数を積算すると賠償額が算出される仕掛けだ。しかもこの表は、人の職業をタレント一〇点、国会議員・弁護士八点、その他は五点と差別化し、政治家や法律家を一般市民の上におきその特権を保護しようと図っていた。塩崎のいうとおり、「名誉毀損」は名誉、つまりは地位が高い人を守る法理なのだ。

二〇〇一年三月に個人情報保護法が閣議決定されたのと軌を一にするかのように、「目障りな報道」をターゲットにした名誉毀損の賠償額高額化が政治（与党）と司法（最高裁）の二人三脚で進められた。こうした大合唱を背景に現実の判決での賠償額も高額化の一途をたどっていく。たとえば、有名女優が「トラブル続出でご近所大パニック」などと書いた『女性自身』を訴えた名誉毀損訴訟の控訴審判決（二〇〇一年七月五日東京高裁）は、「興味本位の誇張」「購買意欲をあおり、売り上げを上げて利益を図る意図があることが推認される」などとして公共性、公益目的を頭から否定し、出版社側に五〇〇万円の賠償を命じ高額化に先鞭をつけた。市場経済社会で発行する媒体が売り上げ向上を図るのがなぜいけないのか理解に苦しむが、判決にはさらに「多少の損害賠償金の支払では本件のような違法行為の自制が期待されない」と、高い賠償金でメディアを懲らしめる意図を示唆する。高裁判決はその上で、「わが国においては民事司法の実定法上の規定もないのに、過去の判例により国民の権利に対応するため報道するメディアに緩やかな免責法理が認められ」と、真実相当性の法理まで難じてみせる。名誉毀損訴訟の実務ではこうして、賠償額が一面的に引き上げられると同時に、メディアが免責される要件も狭められ、被告席についたメディアの勝訴率が三割を切るという異常事態になっている。武富士による名誉毀損訴訟の乱発も、その流れのなかで起きた（「包囲されたメディア」飯室勝彦『報道の自由が危ない』花伝社所収に詳しい）。

高額化の旗を振る弁護士たち

話を東京弁護士会のシンポジウムにもどそう。東京弁護士会人権擁護委員会・報道と人権部会は、メディアを裁判で締め上げる流れにどう向き合おうとしているのか。それを示すのが、同部

名誉毀損による慰謝料額の定型化のための算定基準（1点10万円）

司法研修所「損害賠償責任訴訟における損害額の算定」（『判例タイムズ』1070号、2001年11月15日号）より

	算定要素	加算基準	減算基準
加害者側の事情	（1）動機・目的 ①故意 ②極悪質 ③悪質 ④その他	 ＋10 ＋8 ＋6 ＋3	
	（2）記事内容 ①不適切表現 ②顔写真掲載 ③個人攻撃的表現	 ＋8 ＋10 ＋10	
	（3）真実性 ①完全欠如 ②欠如	 ＋10 ＋8	
	（4）相当性 ①公共利害有り ②公益目的有り		 －6 －6
	（5）配布の方法と範囲 ①ＴＶ・ネット ②全国紙・スポーツ紙 ③週刊誌 ④単行本	 ＋10 ＋9 ＋8 ＋7	
	（6）配布による利益 ①極大 ②大 ③小	 ＋10 ＋8 ＋4	
被害者側の事情	（7）社会的地位 ①年齢 ②職業 タレント等 国会議員・弁護士等 その他 ③経歴 （ア）公人 （イ）個人 （ウ）法人	 ？ ？ ＋10 ＋8 ＋5 ＋7 ＋8 ＋6	
	（8）社会的評価の低下 ①大 ②中 ③小	 ＋10 ＋7 ＋5	
	（9）営業上の不利益 ①大 ②中 ③小	 ＋10 ＋7 ＋5	
	（10）社会生活上の不利益（退職等の致命的打撃） ①大 ②中 ③小	 ＋10 ＋7 ＋5	
	（11）配布後の加害者の態度（反論文の掲載許可等） ①良 ②不良	 ＋3	 －6

＊基準点は。上記の配点を最高点とし、事案により2～3点の減点を考慮する。

会が二〇〇三年三月にまとめた「名誉毀損における五〇〇〇万円基準と点数表試案について」と題する「討議資料」である。

「資料」は説く。

「裁判所が従来の名誉毀損における損害賠償が硬直的であり、また低きに過ぎたことを正面から認め、適正な賠償金額算定基準の必要性を明らかにしたことは大いに評価できる。また五〇〇〇万円という基準は……基本的には妥当な線である」

「一部に、五〇〇〇万円基準は賠償金額として高きに過ぎ、報道規制としての効果を持つ危険があるとの意見がある。しかし、報道側に何らの痛痒を感じないようなレベルの賠償金額が適正とするのであれば、その前提自体が誤りである」

このように、東京弁護士会の「討議資料」は、報道、表現を交通事故と同一視し、その賠償額をいかに高額化していくかという問題意識においては、塩崎論文と同じ発想に立っているといえる。

同部会の名誉のために付け加えれば、「資料」には「今回の司法研修所案（点数制）の考え方は、名誉毀損被害の問題についての考察が不十分であり、その結果、有名人への保護に傾きすぎていると言える」という指摘や、それにもとづく「名誉毀損等による損害の特質」についての踏み込んだ考察もみられる。だがその点を勘案したとしても、「資料」冒頭で自民党の動きや公明党の国会質問、裁判所の動きなどをまとめて「賠償額高額化の必要と提唱の歴史」と無批判に紹介していることとあわせ、「資料」の内容は司法を使った報道規制に弁護士会の側から手を貸すものと思われてならない。

カネ持ちのための司法？

二〇〇三年一一月の東京弁護士会シンポジウムに詳しくふれたのは、武富士の代理人になっている弁護士・弘中がコーディネーターをすると聞いて、野田敬生、三宅勝久と一緒に参加してみたからでもある。パネラーの議論が一区切りして、弘中が「参加者でご意見、ご質問のある方は」と問いかけると、野田がすかさず挙手した。

野田が、武富士代理人として弘中が高額訴訟をメディアやジャーナリストに次々起こしている事実を明らかにすると、弁護士中心の参加者にざわめきが広がる。野田が「大組織が名誉毀損訴訟を悪用して言論を萎縮させることは考えられないか」と追及すると、弘中は「個別の例は差し控えるが、大企業や政治家が裁判をするときには、おっしゃるような問題が充分考えられる」と答えた。

幾人かの質疑をへて、弘中は「きょうは叩き台のつもりが叩かれっぱなしですが」とジョークを交えながら、「私もぜひ、という方があれば」と水を向けた。それをうけ、三宅が発言に立ち次のように述べた。

かの消費者金融最大手から名誉毀損で一億一〇〇〇万円の損害賠償を求められているジャーナリスト、三宅です。表現・言論の自由も名誉毀損も、つまるところ憲法でうたわれている基本的人権をどうやって守るかという問題です。

報道被害というものは確かにあって、とても大きな問題です。いち私人の事件を実名で報道して社会的に抹殺したり、公益性が何もないのにプライバシーを暴き立てて人に苦痛を与える報道は実際にあります。罪を犯したとすれば法的に償えばいいのであって、ひとりの人生を台無しにする権利がマスコミに許されていいはずがありません。台無しにされた人生に対する損害賠償額が現状では低すぎるという意見は当然でしょう。

ただし、これは公的権力を持たない一般の私人の場合です。政治家や官僚、大企業など、巨大な権力をもち、逆に広く人権侵害を起こしうる立場の人たちと私人の人格権をいっしょくたに論じるのは間違いだと思います。ジャーナリズムの本来の仕事は、これらの権力を監視することです。

私は武富士を取材し、記事を書きました。その動機はただひとつ。債務者やその家族、社員に対する深刻な人権侵害の疑いがあったからです。暴力・罵声を浴びせられ、退職強要が頻繁に行なわれる実態。その結果、「お客さま」に対しても過酷になってしまう。そういう声をあまた聞いてきたわけです。

この大企業には労働組合がありません。大マスコミは多額の広告費の影響か、口をつぐんできました。われわれフリーが書かなかったらこれらの人権侵害はヤミに葬られかねない状況です。そこで私は書いた。そして訴えられた。武富士には、訴えなくてもいくらでも反論したり、釈明したりする余地はあったはずなのに、です。

（報道が正しいなら）「裁判で真実性を立証すればいい」とおっしゃいますが、それには手間も費用もかかる。被害者が証言台に引っ張りだされる。ただでさえ怯え震えている方々です。それでもし、立証が十分できないとして書いた側が負け、高い賠償金を取られることになれば、もはや誰も記事を書かなくなってしまいます。

訴訟は批判を封じるのに効果的です。日本は三権分立のはずですが、実態は三位一体となって利権を守ろうと画策しているようにしか思えません。名誉毀損をめぐる高額化の動きも、その一環なのでしょう。きょうの議論を聞いて、「カネ持ちを守るための司法なのか」と本当に腹立たしい——そういう印象を抱きました。

パネルディスカッションの締めくくりで、岡留は、「武富士の例も出たが、カネの力で提訴する例が増えている。国民の知る権利が脅かされ、司法もメディアも危機が深い」と核心を衝き、弁護士の秋山も「賠償額の基準や点数制は一人歩きする恐れがある」と指摘。主催者を代表して閉会あいさつをした女性弁護士も、「報道の声を踏まえ、名誉毀損成立要件について充分考えなければならないと思った」と語った。

疑惑政治家と悪徳企業の高笑い

こうした名誉毀損訴訟を悪用した報道統制に警鐘を鳴らさなければ。そうした思いを募らせていた二〇〇四年三月、時事通信社が発行する国際情報誌『世界週報』が企画を採用してくれたので私は取材を進めていた。そこに衝撃的な事件が起きた。日本を代表する週刊誌である『週刊文春』の出版を東京地裁が差し止めてしまったのだ。それも仮処分という、傍聴者もいない密室で行われる簡易な手続きで、たった一人の裁判官の手で。この決定は幸い東京高裁によって取り消されたが、日本の言論・表現の自由が瀬戸際まで追い詰められていることを痛感させられる出来事だった。当然、『週刊文春』の一件も加えてほしいという要請が編集部から入ったため、『世界週報』の記事は校了直前に大きく修正することになった。

そのタイトルは「司法による『報道統制』に潜む危うさ　高額賠償から事前差し止めへ」。私はリードに、こう書いた。

「言論・表現の自由が危機に瀕している。東京高裁で覆ったとはいえ、東京地裁は『週刊文春』に出版禁止仮処分を出した。この出版禁止を、個人情報保護法や有事法制定、名誉毀損賠償額の高額化という近年の流れの中に置くと何が見えるだろうか。『裁判官は自分たちの味方だ』――疑惑を抱える政治家や大企業の高笑いが聞こえる」（二〇〇四年四月二〇日号）

東京地裁の『週刊文春』出版差し止めは、名誉毀損の賠償額の高額化の延長線上に、まさに起こるべくして起こった暴挙である。ここでは紙幅の関係もあり、名誉毀損訴訟との関連で経緯を整理するにとどめる（立花隆『「言論の自由」VS「●●●」』（文藝春秋）参照。私は同書の主張、とくに出版差し止め仮処分について「これはテロ行為である。憲法が保障する言論・出版の自由に対して国家の側が加えてきたテロ行為である」という意見に一〇〇%同感である)。

二〇〇四年三月一六日、東京地裁は前外相田中真紀子の長女の離婚を報じた『週刊文春』三月二五日号が、私人である長女のプライバシー侵害を理由に、その出版を禁止する仮処分決定を下した。この決定は、直接には前外相長女に関する記事の販売を禁止するものだが、七〇万部をこえる週刊誌から発行直前に記事を切除することなど物理的、日程的に不可能であり、事実上一冊まるごと発行禁止にしたものだ。

田中角栄、真紀子前外相につぐ後継者になる可能性が少なくない人物の動静にまったく公共性がないか、離婚した事実を事実として伝えるだけで回復不能なほど重大なプライバシー侵害といえるかなど争点は多岐にわたるが、最も問題なのは東京地裁があまりに安直に出版禁止に踏み切ったことだろう。

この異例の決定に「出版・報道の自由を圧殺する事前規制であり、事実上の検閲である」(日本雑誌協会)、「出版・表現の自由を侵害する事前規制であり言論弾圧である」(出版労連)と、出版関連団体は激しく反発した。

違法とされた調査報道

何をおおげさな、という意見もあるだろう。たしかに今回槍玉にあがったのは、「どうってことない記事」(立花隆、『週刊文春』四月一日号)である。だが、出版関係者から危惧の声があがったのには理由がある。二〇〇一年を境に、報道記事に高額な賠償を命じる判決が相次いでいるからだ。対メディア訴訟といえば芸能人やスポーツ選手によるものが知られるが、政治家や大企業による提訴も多い。

その典型である武富士の訴訟については縷縷述べてきたが、ここでは別の事例を紹介しよう。

二〇〇二年二月六日、ジャーナリスト横田一と『世界』（岩波書店）は東京高裁で逆転敗訴した。名誉毀損と決めつけられたのは同誌二〇〇〇年三月号に掲載された「地域の利権と癒着する農水省構造改善局」と題する記事である。

横田は、農業関連予算を握る農水省構造改善局幹部が予算を配分される自治体から接待され、昇進に際しては「お祝い金を贈る」として数百万円のカンパまで募られた疑惑を明らかにし「農水省構造改善局は年間一兆円以上の農業土木予算を握り、その幹部が予算配分を受ける側の市町村関係者から巨額の金をもらっていたとすれば、ワイロと認定されても仕方がない」と指摘した。

この記事を村長が名誉毀損と訴えたが、前橋地裁は二〇〇万円払った村の元助役の証言などから記事は真実だとし被告完全勝訴の判決を言い渡す。ところが東京高裁は、新たな証拠もないまま正反対の結論を出し、報道側敗訴判決が最高裁で確定してしまった。横田が憤慨する。

「高裁判決は金集めの事実は認めながら、その金が幹部に渡ったという印象を私の記事が読者に与えると決めつけ、『印象の証明が足りない』というのです。真実性立証にも『逮捕できるくらい』の厳格さを求めている。これでは調査報道は不可能になってしまいます」

強制捜査権をもたない報道に刑事事件の立件なみの厳密さを求めるなら、地道な周辺取材を重ねて強い者を追及していく調査報道ができなくなるというのだ。取材に応じてくれた人を誰でも法廷に出てもらうわけにもいかない。「取材源秘匿」がジャーナリズムの鉄則だからだが、裁判所はそれも認めない。かくしてわが国の裁判では、名誉毀損訴訟で訴えられたメディア側の勝訴率が二割台という異常事態が続いている。東京地裁による『週刊文春』出版差し止めは、こうした名誉毀損訴訟の歪んだ積み重ねの上にやってきた報道の自由に対する「新たな攻撃」なのだ(「裁判官は表現取締官になったのか」飯室・前掲書、門田隆将『裁判官が日本を滅ぼす』新潮社、一三章参照)。

言論弾圧のための法理

ここで、名誉毀損訴訟をめぐる歴史にもふれておこう。

イギリスでは、一六九五年に廃止された検閲にかわる言論弾圧の手段として、新聞への課税と並んでライベル(文書による名誉毀損)、特に扇動的ライベル罪が判例法で導入された。私人に対する名誉毀損にも適用されたが、もっぱら「政府やその高官に対する批判を恣意的に処罰」するために用いられ、「虚偽ではなく真実を公表したのであれば、むしろますます罪は重い」とされた(松井茂記『マス・メディア法入門(第三版)』日本評論社)。

日本でも事情は変わらない。一八七五年(明治八年)の讒謗律(ざんぼうりつ)から一八八〇年の旧刑法にひきつがれた名誉毀損は、主として「時の政治体制を批判することを押さえ込む手段として使われてきた歴史的経緯のなかで、真実を書くこと、自由に権力を批判するための戦いが継続されてきた」(山田健太『法とジャーナリズム』学陽書房)のである。虚名、つまり王様が本当は裸なのに立派な服を着ていると誤解されていることも守るべき名誉とされ、「王様は裸だ」と真実を語ること、虚名をひっぺがし実像を示すことも犯罪＝名誉毀損になってしまう。名誉毀損という法理は、地位や権力をもつものが自分たちに対する批判を潰すために用いてきた言論弾圧のための道具なのだ。

戦後憲法下の変更

現在も、名誉毀損は刑法二三〇条に定められている。もっとも、さすがに戦後憲法下では、刑法二三〇条ノ二が新設され、そこで他人の名誉を毀損したとされる報道等が「公共の利害に関する事実に係り、かつ、その目的が専ら公益を図ることにあったと認める場合には、事実の真否を判断し、真実であることの証明があったときには、これを罰しない」と定められた。

これは他人の名誉を傷つけたとされる言論が刑事犯罪になる条件を定めたものだが、他人の名誉を損なうと不法行為として民事上の責任も生じる（民法七〇九条）。民事上の名誉毀損による不法行為も、名誉を毀損したとして訴えられた被告の側が、①公共の利害に関わる事実に関すること（公共性）、②もっぱら公益をはかる目的であったこと（公益目的）、③真実であること（真実性）を立証できれば免責される。さらに判例で、記事が真実であることが証明できなくても、真実であると信じた相当な理由があれば免責されることになり（真実相当性）、さらに真実性、真実相当性が求められるのは「主要な部分」とされるようになった（刑事も民事もほぼ同様）。日本の裁判所も、言論弾圧法に歯止めを加えその適用範囲を狭めることで、言論が生き生きと交わされる空間を広げてきたのである。

歪んだ名誉毀損訴訟

だが、公共性、公益目的、真実性ないし真実相当性による名誉毀損の免責は、言論弾圧のための法理を換骨奪胎し、言論・表現の自由を十分に保障するものといえるだろうか。残念ながらそうはいえない。まず、これらの免責要件は報道や政治的言説をモデルに考えられたものだから、批評や小説にはそぐわない部分がある。公共性や公益目的がなくても大切な言論もあるし、禁止されれば息苦しくなる表現行為もある。

本書のテーマである報道に限れば、まともな報道は公共性、公益目的は明らかといえる。裁判官はさらに、まともな報道なら真実性も明らかなはずだというのだが、そこが簡単ではない。裁判でいう「明らか」というのは、法廷に提出された物証や法廷で尋問された証人の証言によって「証拠上明らか」という意味だ。そうなると、サラ金の取り立てに怯える小学生からいくらきちんと記者が話を聞いていても、その小学生を守って法廷に出さなければ（他に有力な証拠がない限り）裁判上は「真実かどうか明らかではない」とされかねない。

もっと前提的なことをいえば、何が真実かということをめぐって深刻な対立があり、複数の意見がある問題もめずらしくない。真実とされたことが、後になってひっくり返ることだって歴史上ままあった。そう考えると、そもそも法廷に出された証拠だけで何が真実かを確定すること自体容易ではない。絶対の神でなく、しばしば間違う人が一時の判断で言論を制限することにはよくよく慎重を期さなければならない。名誉毀損訴訟での立証責任をほとんどすべて訴えられた側に課し、訴えられた側が真実性や真実相当性を立証できなければ負けるという名誉毀損訴訟の実務は巨悪に迫る報道を萎縮させるばかりであり、一刻も早く是正されるべきなのだ。

「現実的悪意」という考え方

では、報道をめぐる係争のジャッジをどう改革していくべきか。そのヒントがアメリカで確立された「現実的悪意」という考え方だ。

アメリカでも以前は、報道に真実性があるか公正な論評にあたる場合を除いて、広く名誉毀損が認められていた。ところが、警察署長サリバンが意見広告で名誉が毀損されたとしてニューヨークタイムズ紙を訴えた事件で、アメリカ最高裁は、「公職者が職務行為に関する名誉毀損に対して損害賠償を求めるためには、表現者が虚偽であることを知っていたか、または虚偽であるかどうかにまったく不注意であったこと、つまり『現実的悪意』をもっていたことを証明しなければならないという基準を宣言したのである。……合衆国最高裁判所は、この基準を公職者および『公的人物』の場合に適用してきている」(前出『マス・メディア法入門』)。

公職者や公的人物を批判した言論にたとえ間違いが含まれていたとしても、それが表現者の故意や重大な過失であることを批判された側が立証しないかぎり、批判的言論を罪とすることはできない。言論・表現の自由を守るための貴重な判示だが、これを日米の国情の違いで済ませるのではなく、その背後にある考え方を知ることが重要だ。この判決に携わった判事ブレナンは、次のように説いている。大切な論点なので、やや長いが紹介したい（立花・前掲書より重引）。

「宗教や政治の世界には、きわめて大きな見解の相違がある。ある人にとって侵すべからざる最高教義が、他の人にとっては許すべからざる誤った見解だ。人は、他人を自分の見解に従わせようとするときには、しばしば、誇張に走るし、宗教指導者や政治指導者を中傷したりする。虚偽をいったりさえする。しかし、この国の人々は、言論表現の自由が、時に行きすぎや、悪用乱用があっても、長い目で見れば、民主主義社会に住む人々の考えと行いを、よりよい方向に導いていくのに不可欠であったし、これからも不可欠であるということを知っている」

言論の誤りは法的規制や処罰、賠償命令など言論以外の力によってではなく言論のやりとりを通じて正されていくべきであり、それがよりよい社会につながる。こうした考え方はジョン・スチュアート・ミルの『自由論』などを源流とする「思想の自由市場論」と呼ばれる。たしかに、そんな市場（討論空間）などどこにもないではないかとか、自由な討論によって真理が虚偽に勝利する保証があるのか、といった疑問や批判もある。だが大切なことは、どんな言論や思想も、それが覆される可能性があるということだ。そして言論の争いはできる限り言論の土俵で決着させるべきであり、裁判所もふくむ公権力の介入は最小限にとどめるべきだという考え方である。

自己検閲に陥らないために

実は、北方ジャーナル事件の最高裁判決の際、谷口正孝裁判官は、思想の自由市場論にもとづいて、次のように論じているが、これは現在からみても非常な卓見といえる。

「思うに、真実に反する情報の流通が他人の名誉を侵害・毀損する場合に、真実に反すること の故をもつて直ちに名誉毀損に当たり民事上、刑事上の責任を問われるということになれば、一般の市民としては、表現内容が真実でないことが判明した場合にその法的責任を追及されることを慮り、これを危惧する結果、いきおい意見の発表ないし情報の提供を躊躇することになるであろう。そうなれば、せつかく保障された表現の自由も『自己検閲』の弊に陥り、言論は凍結する危険がある。このような『自己検閲』を防止し、公的問題に関する討論や意思決定を可能にするためには、真実に反した言論をも許容することが必要となるのである」

こう論じたうえで、谷口裁判官は「誤った言論に対する適切な救済方法はモア・スピーチなのである」と喝破している。言論には言論で応える。それが民主主義社会の原則だ。とくに権力者や、公権力に準じた力をもつ大企業、政党、大宗教法人などの社会的権力は批判に対してまず言論で説明、反論すべきであり、それを怠ったままいきなり裁判に訴えるということ自体が不当といえるだろう。このままでは日本の言論は、谷口裁判官が危惧したとおり自己検閲に陥ってしまう。否、武富士問題をめぐる大マスコミの沈黙にも示されているように、自己検閲はすでにマスコミを覆いつつあるとさえいえる。このままではいけない。

心の中の声

権力の不正を暴く調査報道を蘇らせながら、自由な言論、自由な報道の大切さを訴え、守る。そのためには、政治家や企業が乱用し、訴えた側に一方的に有利な名誉毀損訴訟の歪みを正し、現実的悪意や思想の自由市場論を日本の裁判所にも認めさせていかなければならない。そしてそれは、原告が被告の故意または過失や不法行為と損害の因果関係を立証する責任を負うという、日本の不法行為訴訟の「普通の形」に名誉毀損訴訟を戻すことでもある。

では実際に訴えられたらどうするか。法律専門的なことは弁護士に相談するほかないが、上智大教授（メディア法）の田島泰彦の次のようなアドバイスは三宅の裁判でも強く参考になった。

「記事で伝えたかったことがトータルどういうことなのか、社会的事実の突きつけが重要で、取材のたいへんさも主張するべきだ。特に大切なのは、心の中の声を言うということ。裁判官が報道の意味を心で感じれば、法的理屈づけを考えるのではないか。そのためにも、あまり弁護士に頼りきるのはよくない。できるかぎり当事者が法廷でものを言うことで、報道をめぐる裁判の現状を改めていこう」

二〇〇四年一一月二三日、『毎日新聞』はメディア面に、「広がるメディアへの高額請求訴訟軽くなった？　言論の自由　批判封殺狙いくっきり」と題する記事を掲載した。「軽くなった」というのは、三宅勝久と『週刊金曜日』が武富士に勝訴した日の判決報告会に駆けつけたルポライター鎌田慧の話からとったものだった。

武富士が乱発した高額訴訟は、名誉毀損訴訟を悪用した言論弾圧のモデルケースだが、「腎臓売れ、目ん玉売れ」と保証人を脅した日栄（現ロプロ）が消費者問題に取り組む弁護士らを、SFCG（旧商工ファンド）が公正証書無断作成疑惑を追及した毎日新聞社と記者二名を訴えるなど、酷似した構図の訴訟は後を絶たない。

もっとも、変化の兆しもないわけではない。二〇〇五年二月一七日、最高裁第一小法廷（才口千晴裁判長）は、薬害エイズをめぐる調査報道が名誉毀損として訴えられた事件でジャーナリスト櫻井よしこさんの上告を受理し、口頭弁論を開くと決定した。普通は書面審理だけの最高裁が弁論を開くのは高裁判決を見直すときで、櫻井さん敗訴の判決が変更される公算が高い。

櫻井さんは雑誌記事と単行本『エイズ犯罪』（中央公論新社）で、薬事行政に大きな影響力をもっていた安部英元帝京大学副学長が製薬会社から多額の寄付金をもらい、安全な加熱製剤の治験を遅らせた疑いを詳しい取材にもとづいて告発。櫻井さんの本は世論を動かし、厚相の謝罪と対策につながったが、安部元副学長から訴えられた（安部側代理人は弘中惇一郎ほか）。一審では櫻井さんが完全勝訴したが、東京高裁は一人の証人も呼ばないまま結論をひっくり返した。判決を言い渡した大藤敏裁判長は法務省人権擁護局長時代、〝報道規制法案〟づくりにも携わっていた。高裁判決見直しが、名誉毀損訴訟の流れの転換につながるか。最高裁の判断が注目される。

前記毎日新聞記事で、慶応大学助教授・伊藤高史（メディア論）は「不当に高額な賠償請求は、明らかにジャーナリズム活動への威嚇を狙ったもので、小さなメディアやフリーライターへの萎縮効果は小さくない。公正な裁判制度の趣旨をも逸脱するものだと思う」とコメントしている。法廷内外での武富士との攻防は、そうした威嚇をはね返し言論の自由を守ると同時に、公正な司法をもとめる重要な試みだ。風通しがよく、誰もが人間らしく暮らせる明日のために、このたたかいには負けられない。

Ⅲ

シンポジウム・市民が支えたジャーナリズム

解題にかえて

二〇〇四年一一月、武富士盗聴事件での武井保雄前会長有罪判決をうけ、武富士問題を追及してきた元支店長、弁護士、ジャーナリストが著者の司会で話し合った。武富士の闇からマスコミの体質、名誉毀損訴訟の問題点にまで及んだ討論は、「武富士問題と言論の自由」を考えるうえで重要な内容をふくんでいるので、本書の解題にかえて採録する。

シンポジウム「モノが言えない時代がやってきた?! 讃岐の市民が支えたジャーナリズム」

パネラー（発言順）

新里宏二（弁護士、武富士被害対策全国会議代表）

三宅勝久（ジャーナリスト）

藤井龍（元武富士丸亀支店支店長、盗聴被害者）

北村肇（『週刊金曜日』編集長、元新聞労連委員長）

コーディネーター　北健一（ジャーナリスト）

これは私たちの問題

主催者から　山崎千津子（武富士裁判を支援する会）

みなさん、こんにちは。きょうのパネラーの一人、三宅勝久さんは、以前山陽新聞で記者をしていました。高松支社にいたとき、香川県三木町に予定されていたボートピア、場外舟券場反対運動を熱心に取材し、記事を書いてくれました。その報道が他の新聞にも広がって住民の運動とともに世論と行政を動かし、七年かかりましたが町長が建設断念を表明したのです。その三宅さんが二〇〇三年二月から五月にかけ、『週刊金曜日』に「武富士残酷物語」「武富士社員残酷物語」「『家族なら借金払え』裁判」という三本の記事を書きました。サラ金の問題点を生々しく描いた読み応えのあるルポだったんですが、武富士はそれに対し一億一〇〇〇万円の損害賠償を求める名誉毀損訴訟を起こしたのです。

あの三宅さんが訴えられた！　こんなまっとうな記事が名誉毀損となったら、記者はお仕事ができなくなるじゃないか。そういうことは許せないと友人の間で話し合いまして、「支援する会」をつくりカンパを集めたんです。その後、東京のフリーライターや多重債務被害救済のために活動されている「高松あすなろの会」など被害者の会の方たちとも手をつないで、支援の輪が広がりました。

昨年、武富士会長だった武井保雄さんがジャーナリスト盗聴を指示したとして逮捕された直後、『週刊金曜日』編集委員の佐高信さんをお迎えして、講演会とシンポを開きました。今年は、武井さんに有罪判決が出た直後ということで「武富士問題は終わった」というような印象もありますが、三宅さんの裁判は今もって続いている。(二〇〇四年)九月に東京地裁で完全勝訴をかちとったのですが、武富士が控訴したからです。

勇気のあるジャーナリストが本当のことを書いてくれなければ、私たちは真実を知り得ない。彼らを支援することで私たちの知る権利も守られると思います。第一部のシンポと、三宅さんたちにとってジャーナリストの大先輩で、ベトナム戦争、中国の日本軍など優れたルポを多数書かれてきた本多勝一さんの講演を通じて、市民がジャーナリズムを支えることの意味を考えていければと思っています。

業務の問題、批判封じの問題

――（コーディネーター・北健一）まず「武富士問題の全体像」を新里さんに解説していただきたいと思います。

新里宏二　武富士にはいろんな問題があるわけですが、三宅さんや私たちは武富士の業務の問題、従業員に無理なノルマを課し、お客には高金利でどんどん貸し込み、払えなくなると本人はもとより第三者、家族からひどい取り立てをするという実態を追及してきました。そうした貸金業務の問題に加えて、ジャーナリストの山岡俊介さん、寺澤有さんらが追及した盗聴や警察、暴力団との癒着の問題があります。武富士はどちらの問題でも、批判的な記事が出るたびに名誉毀損訴訟を起こした。このうち盗聴など武井保雄前会長の刑事責任に絡んだ問題は、武富士が裁判を放棄、被告側の反訴を認諾するなどしてジャーナリスト側勝訴で決着しましたが、業務に関する批判や指摘については非を認めず裁判も続けています。

三宅さん、週刊金曜日が訴えられた裁判については、（二〇〇四年）九月一六日に東京地裁（福田剛久裁判長）が武富士側の訴えを完全に退けました。武富士商法の違法不当性が認定され三宅さんと週刊金曜日が完全に勝ったわけですが、武富士は東京高裁に控訴しています。また、「不当提訴」の責任を問うため、金曜日側が武富士を訴えた裁判が始まったところです。

それから私たちが『武富士の闇を暴く』（武富士被害対策全国会議編・同時代社発行）という本をつくったところ、五五〇〇万円の損害賠償の訴えがなされました。これについて（二〇〇四年）一〇月八日、裁判所が尋問のために武井さんを呼び出したんですけれども、武井さんは出てきませんでした。よっぽど怖かったんですかね、私たちが。私たちはどのような仕組みで提訴がなされたのかを訊きたかったのですが。

武富士から訴えられただけではなく、私たちの活動の妨害をするために行った不当な提訴なので三〇〇〇万円の損害賠償をもとめる反訴もしています。（二〇〇五年）一月一八日に審理が終わって三月までに判決が出る見通しです。このほか未払いの残業代や上司による暴行などの慰謝料をもとめる元従業員の訴訟も継続しており、武富士問題はまだ過去の話ではありません。

――貸金業者としての業務にも多々問題があり、その問題が指摘されると力づくで批判をつぶそうとするという体質もある。その武富士に訴えられた三宅さん、二年近くの裁判を通じて感じてきたことを。

三宅勝久　きょうは支援していただいた方々もたくさんおいででありがとうございます。やっとここまで来たという感じがあるんですけれど、訴えられたときにまず驚いたのが武富士の訴状に貼られた印紙代でした。総額で四〇万円以上。「原稿料よりずっと高いなあ」と思ったのが最初の印象で（笑い）。とにかく裁判というのはしんどい。寝ても起きても頭のなかで囁いているような重圧感で、経済的にも精神的にも体力的にも消耗する。そうやって相手にダメージを与えることが、武富士の目的だったのかなとしみじみと実感しているところです。

カネで買った執行猶予

――藤井さんは、武富士で丸亀支店長をしていたとき上司に暴行され、警察に訴えたら盗聴されるという目に遭ったわけですが、武井前会長の有罪判決はどう聞きましたか。

藤井龍 今回の盗聴事件公判でも、武富士の財力にモノを言わせて三億円もの贖罪寄付をし、懲役三年ですが四年の執行猶予を得た。おカネの力でゆるい判決が出てしまったのは残念でなりません。

――長年大マスコミで働いてきた北村さん、武富士問題についてのご意見は。

北村肇 ぼくは（二〇〇四年）二月から『週刊金曜日』の編集長をしていまして、その前は三〇年ほど毎日新聞にいました。『金曜日』にきて裁判の内容を聞いて、これはおかしいなと思いました。ぼくは毎日新聞のときに社会部でデスクなどをし、その後『サンデー毎日』の編集長を二年半やってたんですけれども、週刊誌の編集長をするとクレームがたくさんきます。

来方はだいたいパターンがある。最初に訂正を求める配達証明がくる。それに対応すると、だいたい代理人の弁護士から電話があって「ちょっとお話したい」。それで話をすると、たいがいそこで納得する。納得しないときは、それから内容証明がきて「訂正文をだしなさい。出さなければ訴える」と。そこで再度話し合ってダメなら提訴という順序で進むわけです。ところが今回は武富士が最初から訴えてきた。しかも非常に金額が高い。何よりおかしいのは、訴えられるような記事じゃない。

香川の地元紙は四国新聞ですか。地方紙はわかりませんが、全国紙だと年に数億円単位で武富士から広告が出ていた。するとなかなか批判が書きづらい。武富士が（広告代理店の）電通などを通じ社の広告局に「書かないで」といってきても、社会部ではそれで書かないということはまずない。ないけれどもプレッシャーになります。そうやって大きな新聞は、武富士のスキャンダルの記事が出ないという状況になってきた。ところが『週刊金曜日』は広告に依存してませんから財力で抑えることはできない。それで一億一〇〇〇万円もの言いがかり訴訟をかけてきた。

一審は勝ちましたけれども裁判の負担は重い。フリーライターが裁判に追われたら仕事ができなくなっちゃいますから、収入がありません。新里さんのようにほとんど手弁当でやってくださる弁護士さんにお世話になっていますが、弁護士費用、裁判費用にそれなりにかかる。ぼくも編集長で暇がないけど、裁判の準備もあれば法廷もある。そうやって高額訴訟を仕掛ければ、仮に負けたって相手方にダメージを与えるだろうというのが武富士のやり方です。こういうことを許したらとんでもないんで、われわれは逆に武富士を訴えて損害賠償と謝罪をもとめているところです。

悪用される名誉毀損

――言いがかりの裁判なら、簡単に勝訴できないものなんでしょうか。
新里　私たちの裁判の武富士側代理人は弘中惇一郎さんという弁護士が中心です。弘中弁護士は、東京弁護士会人権委員会の「報道と人権」部会長をしている名誉毀損訴訟のプロですが、そういう人が武富士についた。弘中さんをはじめ、武富士は大金を払って多数の弁護士に委任し物量でくる。こちらは手弁当で、それだけでもたいへんなのですが、名誉毀損訴訟では、訴える側は「記事が虚偽で名誉毀損だ」とだけ言えばいい。それに対して被告側、報道側が記事の真実性、真実相当性を全部立証しなければならないという訴訟類型になっています。

アメリカでは、公的な存在に関する報道では、「悪意で事実に反する記事を書いた」ということを原告側が立証できなければ報道は免責される（現実的悪意の法理）。そのかわり悪意が立証されたら高額の賠償が課せられます。日本は報道側の立証の負担が重いうえに、ここ数年賠償額も非常に高額化している。週刊誌にいろいろ書かれ業を煮やしていた自民党の政治家や宗教団体のトップの方がもっと賠償額を上げて報道を何とかしたいと考え、公明党議員も国会で何度も質問した。そうした与党の働きかけを受けて最高裁が研究会をつくって高額化を進め、その結果、真実を追求する側に難しい状況になってしまったのです。

被害者を攻撃する訴訟戦術

三宅　ヤミ金追及のときは、テレビの仕事をやっていて反響も大きかった。テレビ局からも「三宅さん、次のネタないですか」といわれ、「こんなんありますよ」というと、「よし、取材費出すから行ってくれ」と。で、そこそこ私も生活できてたんですけども（笑い）、転機が訪れたのが昨年の三月で、調子に乗って武富士までやってしまった。これはマスコミの普通の人はやらなかったんですね。
それで訴えられ、「廊下のある支店はない」とか「関西弁を話す社員はいない」といった武富士の荒唐無稽な主張に延々と付き合わされた。取材対象の被害者にも協力していただき裁判所に陳述書を出してもらったんですが、そうすると武富士は「その人はウソつきだ」と会いもしないで決めつける。「ああいえば武富士」なんです。被害者でうつ病の方もいらっしゃるわけですけれども、そういう人を法廷に引きずり出していじめようという魂胆がはっきりと見えたので、何がなんでも守らなければと思いました。訴えられた一年がすぎたころから、先が見えずに苦しみました。

今瞭美弁護士いじめの異常

——藤井さん、世間の声や批判的な報道は武富士社内ではどう考えられていたんでしょうか。

藤井　「会長」、つまり有罪判決を受けた武井保雄さんが武富士では絶対権力者です。「NO」と一言でもいっちゃうと会社を辞めざるを得ないから、言うことをきくしかない。武富士を批判する記事は見るなと命令されていました。もっともそういわれると社員はかえって見たくなるわけですが(笑い)。今瞭美(こん・あけみ)弁護士のことも、武富士内では「悪辣な弁護士だ、武富士の敵だ」と教育を受けていました。

三宅　今さんというのは、武富士のひどい貸し付けや取り立てを一番告発した北海道の弁護士です。私は今さんの話を聞きながら、全国各地を飛んで取材し記事にしたら訴えられたわけですが、その今さんもここにいらっしゃる新里弁護士らと一緒に名誉毀損で訴えられ、言いがかりで懲戒請求や刑事告訴までされながらたくましくがんばっています。

新里　『武富士の闇を暴く』の名誉毀損訴訟で、（二〇〇四年）一〇月八日、代表取締役専務の近藤光さんが証言に立ちました。武富士は「提訴のことは全部わかる責任者だ」といって番頭格の近藤さんを証人に出してきたので、私は「なんで私が訴えられたんですか」と訊いた。「先生は武富士被害対策全国会議の代表なので」と言うかと思ったら、「先生を被告にした理由は私はわかりません」と（笑い）。ぼくはショックを受けてしまった。結局俺じゃないんだなあ、やっぱり大物は今さんだよねと。

なぜ今さんを狙ったのか。武富士は違法なことをやっているから内部告発が怖い。ところが今さんのホームページが内部告発の受け皿になり、今さんは告発をもとに業務停止の申し立てをさかんにやった。それでサービス残業が摘発され、慰謝料請求の裁判も相次いだ。一時は懐柔も図ったようですが、断ると今さんの依頼者を立てて懲戒請求や刑事告訴をする。「依頼者が預けたお金を今さんが横領した」というのですが、まず「お金はどうなっているか」と問い合わせるのが普通なのに何も聞かない。

刑事告訴の代理人は武富士顧問弁護士の鈴木武志さんと、今度武富士社外取締役になったヤメ検弁護士の澤新（さわ・あらた）さんです。「今弁護士事件被害者の会」もデッチ上げられましたが、そのホームページを運営していたのも鈴木弁護士で、その都度マスコミにも流した。「これほどひどい攻撃をされたら弁護士業務ができなくなる。看過できない」と、（二〇〇四年）

一一月一七日、武井の有罪判決の日に、今さん攻撃への謝罪と一〇〇〇万円の損害賠償をもとめて、武富士と武井前会長、鈴木弁護士を東京地裁に訴えました。

力になった内部告発

――武富士の闇が明らかになっていったのは、藤井さんや、盗聴に携わった元法務課長中川一博さんらの内部告発が大きかったですね。

北村 新聞社もテレビもそうですけれども、報道には捜査権がないですから、本当に真相を追及していくためにはどうしても内部告発が必要です。長い時間をかけて接触し、説得して、それでしゃべっていただいて、というプロセスを踏む。われわれの仕事は真実の追求です。強いものの不正を叩くには、床下にもぐったり、入院している権力者のところに看護師の格好をして入り込んだりありとあらゆることをするわけですが、内部告発はとくに重要なんで、告発者の人権を守りながら慎重に報じます。

――ここで会場からのご意見を受けてさらに話し合っていきたいんですが、高松あすなろの会の山地さん、武富士の計算書改ざんを解明した話を紹介していただけますか。

山地秀樹（多重債務被害者団体・高松あすなろの会相談員） 二〇〇一年に私たちの会で相談を受け特定調停を申し立てた武富士の債務者がいました。長年返済していて、どう考えても過払いと思われるケースなのに、武富士が調停に出してきた計算書では利息制限法で計算しても残債務があることになっていた。どう考えてもおかしいと、台帳の開示を求めたのに武富士は拒否した。それで調停は不調に終わって、債務者は自殺を考えるほど追い詰められました。計算書改ざん疑惑について多くのマスコミに話しましたが、誰も書いてくれなくて、ただ一人書いてくれた三宅さんは訴えられてしまった。その裁判のなかで台帳が開示されたんですが、予想どおり計算書と食い違っていた。入金（返済）が二回抜けていたのです。三宅さんが勝訴してほんとうに良かったんですが、控訴審でも勝ってほしいと思います。

新里　貸金業者は過払いを隠そうとして計算書を改ざんし、債務が残っているかのように偽ることがある。武富士は「手入力したから間違えた」と言い訳していますが、「コンピューター処理しているからありえない、計算書改ざんというのはまったくの虚構だ」という名誉毀損訴訟では主張していたので、信じ難いところです。

消費者金融は「悪」なのか

――ほかにご意見があれば。

会場の男性A　サラ金が悪いというのはわかるんですが、大手は上場もして市民権を得ているし、借りたものは返すのが当たり前でしょう。パネラーのみなさんの話は、一般の人とは温度差があると思うんですが。

三宅　サラ金の実態をご存知ないのでは。捕まらないけど違法な高金利、無担保無保証人の貸金業がサラ金、消費者金融なんです。またリボルビング払いという貸し方は、完済していないのにまた貸してくれ、次第に借金づけになる。借金が膨らみ二社、三社から「借りて返す」というようになると、いくら借りても自分では使えず、毎月毎月サラ金にとられるばかりです。借りない方がいい。

男性B　マスコミは報じるべきことを報じず、問題にすべきことをほとんど問題にしていない。サラ金など、問題企業のCMを流しているためではないかと思うのですが。

北村　いま新聞自体が権力になってます。権力っていうのは保守化です。地位だとかお金だとか名誉だとか、失いたくないものをたくさん持っている。お金を失いたくなければ大きなクライアントとは喧嘩できない。地位とか名誉を失わないためには政治家とあまり事を構えないほうがいい。どんどん保守化して自らタブーをつくってしまう。でも嘆いていても仕方ないですから、マスコミ企業で働く一人ひとりのちゃんとした記者とわれわれのような中小メディア、三宅さんのようなフリーで頑張っている人たちの横の連帯で、新聞とかテレビの体質を変えていく。権力を叩くメディアに新聞や放送が戻ればいろんな問題が解決できますから。

新聞記者から、読者から

——会場にいらっしゃる記者から何か。

新聞記者　家族に内緒で高金利の金を借りるというのはほんとうに危ない。多重債務、自己破産、経済苦による自殺の増加も、サラ金が大きくなりすぎたために起きています。マスコミもお客、読者の声には弱いので、なぜサラ金の広告を載せるのか、なぜこういう問題を報じないのか、みなさんからいろいろ声や批判を寄せてほしいと思います。

大阪の高校教員　大阪では弁護士会が出張授業をしてくれていて、消費者金融はこういう理由で気をつけなければということを生徒たちに少しずつ話しています。マスコミへの意見や抗議はどのように送れば効果的なんでしょうか。

北村　抗議は社長あての手紙で出すのが有効です。社長に苦情が集まると、「これどうなってんの」ということになりますから。編集局には、「こういう記事はやめたほうがいい」といった一般的な言い方ではなく、記事を特定して「なんでこの記事には被害者の談話がないんですか」とか、そういう具体的な聞き方がいいと思います。それを何度もやられると、今度は変えようとなる。答えてくれなかったらインターネットにでもどこにでも書いてしまえばいい。新聞社は書かれることを嫌がりますから。

――それでは最後に一言。北村さんはいま話してもらったので、他の方々に。

新里　私は名誉毀損訴訟というのはやったことがなかったわけですけれども、自分たちが訴えられてみて非常に問題がある実態だということがわかってきました。しかしマスコミは自分たちが不当に訴えられたとき、なぜもっと闘わないのか。柔道では「かけ逃げ」といって、技をかける気がないのに「かける振り」をするのは反則なんですよ。それと同じで、ともかく人の言論を、力をもつものが不当に妨害するために訴えるのは許されない。そのことを武富士に反撃する裁判を通じて示していきたいと考えています。

藤井　私はですね、自分の武富士相手の裁判で武富士側が請求を認諾して損害賠償金を振り込んできたんですね。ところが彼らは「弁護士に操られている藤井がかわいそうだから、会長がご好意でお金を出してやったんだ」といっているようです。そんなことでお金を払うわけないですね、三三〇〇万円もの。それで私は、真実がお金ではもみ消されない世の中にするために頑張っていきたいと思います。

「志」の連携

三宅　年に三万四〇〇〇人が自殺し、そのうちの九〇〇〇人が生活・経済苦だといいます。これだけの社会問題を前にマスコミは沈黙している。会社も問題ですが、より問題なのは、記者が戦わなくなってきていることではないか。ものが言えなくなって命令にしか従えない。「日本の武富士化」が進んできてるのでは、と危惧します。自衛官の自殺が増えているのも共通する側面があるのではないかと考え、『悩める自衛官』（花伝社）という本を書きました。お読みいただければありがたいです。

――マスコミに意見や抗議をすると同時にいいメディアを育てていくことも大切だと思います。そのひとつとして『週刊金曜日』という雑誌があるのですが、最新号に紹介したい言葉があります。それは警察の裏金疑惑を果敢に追及、報道している北海道新聞の編集局報道本部次長・高田昌幸さんが書いていることです。

「『信じるところに道は通ず』という言葉がある。確かに今は、横の連携を求める動きは全的なものにはなっていないし、そう簡単に全的なホンモノなどできはしない。それでも、あきらめたり、切って捨てたりすることは、いつでもできる。（北海道新聞）取材班の道警裏金追及がそうだったように、しつこくしつこく、企業の枠を超えた『志』の連携を形づくっていく。今はそれが一番大事なことだと思っている」（「本多勝一氏の問い掛けに答える」『週刊金曜日』二〇〇四年一一月二六日号）

これはマスコミの現状を憂い真のジャーナリズムをめざす本多勝一さんの論に応えながら、メディアで働く人たちに向けたメッセージなんですけれども、今日はメディアという職業の枠も超えて、心ある武富士元従業員や弁護士さん、何よりも三宅さんの読者、金曜日の読者と一緒にこういう会ができている。そのことが、武富士をここまで追い込んでこられた根拠だと思います。この討論をきっかけに、多重債務問題の解決と言論、報道の自由についてこれからも考えていきましょう。

（二〇〇四年一一月二八日に香川県高松市で行われた、本多勝一講演会実行委員会と週刊金曜日共催のシンポジウムから）

資料　武富士残酷物語訴訟に提出されたジャーナリストの陳述書

■三宅勝久氏の記事の確からしさについて　篠原隆史

私は昭和四〇（一九六五）年に東京都で生まれ、現在三八歳です。大学院修了後、朝日新聞社で新聞記者として三年間、その後、複数の出版社で記者兼編集者を一〇年間務めました。これまでに、事件や行政、司法、高校野球、街の話題、企業、医療、科学技術などの記事を執筆してきたほか、ライターの原稿を編集する業務にも携わりました。また、月刊自動車雑誌『ニューモデルマガジンエックス』（以下『マガジンエックス』）の副編集長として、ライターの原稿を掲載するか否かを判断する管理職も経験し、昨年一一月よりフリーライター、次いで今年七月より再び新聞記者をしています。

平成一五（二〇〇三）年九月には、（株）武富士関連の記事を取材し、当時、副編集長として勤務していた雑誌『マガジンエックス』に掲載する判断を下したこともあります。こうした経験から、武富士に関する三宅氏の三つの記事『武富士残酷物語』（週刊金曜日　二〇〇三年二月二八日発行　第四四九号）、『武富士社員残酷物語』（同　三月七日発行　第四五〇号）、『武富士「第三者請求」裁判』（同五月九日発行　第四五八号）の「確からしさ」について、自分の判断をお話ししようと考えました。

その前提として、どのくらいの取材をしていれば、記事の内容が確かだと判断できるのか、という一般的な基準について述べます。それはすなわち、より核心に近い当事者の話を聞いている（これを〝取材〟と称します）かどうか、に尽きます。

例として交通事故をあげましょう。この場合、加害者と被害者の話を（一次情報）として扱います。警察発表や目撃者、直接の関係者の話は（二次情報）、専門家や法律上の背景など周辺の話は（三次情報）です。記事として最も確かなのは一〜三次情報のすべてが網羅されていることです。逆に三次情報のみによって執筆された記事は、最も不確かであると判断されます。確かな順番にランク付けすると以下の七段階になります。

（A） 一、二、三次情報のすべてを網羅
（B） 一、二次情報のみ網羅
（C） 一、三次情報のみ網羅
（D） 二、三次情報のみ網羅
（E） 一次情報のみ網羅
（F） 二次情報のみ網羅
（G） 三次情報のみ網羅

つまり、当事者により近く、かつ多面的に取材した記事であるほど、確かであると判断されます。もちろんこれは一般的なランク付けであって、記事によっては入れ替わることもあります。また、いわゆる有名人の「独占インタビュー」のように一次情報のみで十分な場合もあります。

ただ、雑誌編集者の立場からいえば、すんなり掲載できるのは、最低限一次情報プラスアルファを取材できている（A）〜（C）が原則です。（D）〜（F）は微妙、（G）は問題外です。そして、（A）のように理想的なケースは多くありません。交通事故では被害者の死亡、刑事事件では当事者の逃亡という事態もままあります（この時点で一次情報は不十分です）。

現実の編集現場では、そうしたケースでかつ当事者（相手側）にとって批判的な内容を扱う、という場面がしばしば起こります。そこで、個別的な判断が必要となってくるわけです。こうした場合に記事を掲載するか否かは、編集責任者（雑誌の場合は編集長や副編集長）が、社会的な意義や読者の関心などにもとづいて判断します。

私自身の例をあげましょう。

平成一四（二〇〇二）年一月、『マガジンエックス』の記者兼編集者だった（まだ副編集長ではなかった）私は、横浜市で起きた三菱自動車製トレーラーによる母子死傷事件を取材し、その記事を執筆する際、目撃者や整備業界関係者などからしか話を聞くことができませんでした（二、三次情報）。被害者は死亡、遺族も口を閉ざし、三菱側も「事故があったのは報道で知っている」としか認めなかったからです。つまり上記ランク付けでは、二、三次情報のみを網羅した（D）でしかなく、掲載は微妙なケースです。しかし、結果としてこの記事は掲載されました。

三菱自動車が問題企業とされている昨今ならいざしらず、二年前にこの記事を掲載するのは雑誌としては勇気のいる判断でした。それでも、三菱自動車製トレーラーの構造欠陥を広く知らせることに「社会的な意義がある」と、編集者側（当時の編集長）が判断したわけです。さらにいえばこの場合、一次情報の取材は困難であっても、二、三次情報が十分に取材されていたため、それだけでも正確さに問題はないとの判断も働きました。現実にこの記事の掲載後は、かえって三菱自動車に感謝され、その後は一部関係者から内部情報まで取材できるようになりました。ランク付けの順番が入れ替わるというのは、こうしたケースまで見越しての判断なのです。

ですから例外的には、三次情報のみを網羅した（G）のケースでさえ、掲載の可能性がまったくないわけではありません。

さて、そうした一般的・個別的な基準によって、（株）武富士に関する三宅氏の三つの記事『武富士残酷物語』（週刊金曜日二〇〇三年二月二八日発行　第四四九号）、『武富士社員残酷物語』（同三月七日発行　第四五〇号）、『武富士「第三者請求」裁判』（同五月九日発行　第四五八号）について述べさせていただきます。

結論からいえば、どの記事も「非常に丁寧な取材」に基づいた「きわめて情報量の多い」確かな記事であると断言できます。主な理由を以下に述べます。

1　加害者（武富士）と複数の被害者に取材している（一次情報）

四四九号では、武富士の複数部署から話を聞くとともに、ファクス送信・待ち伏せなどにより取り立てを受けた被害者C子さん、S君、Wさんから取材しています。同様に四五〇号では、元社員XさんとG氏から、四五八号では、武富士側の準備書面や、被害者S子さん、Bさんなどの話を記述しています。

2　複数の関係者に取材している（二次情報）

四四九号に登場する手話通訳者Gさんや、被害者の相談を受けた弁護士・司法書士をはじめ、四五〇号ではネット上で武富士の社内状況を告発しようとしたCさん、四五八号では今瞭美弁護士に取材しています。さらに記事の輪郭が広がります。

3　業界の背景や法律について詳述している（三次情報）

四四九号では、消費者金融業界の貸付残高や利用者数、貸金業規制法や利息制限法など法律面の情報や、全国クレジット・サラ金問題対策協議会の動き、武富士被害対策全国会議の関係者にも取材し、利用者の声まで押さえています。四五〇号でも武富士に関する複数の裁判例を取り上げ、四五八号では、未達会議の経験者や電話録音の内容まで記述しています。記事の深みを増す情報だといえましょう。

4　雑誌編集の常識を超える丁寧さ

四四九号で特筆されるのは、小学生S君が〝待ち伏せ〟され、恐怖の体験をしたという内容の記述です。記事の性質上、幼い児童から取材できたのは「値千金」と申せましょう。武富士という企業の性格の一端が明らかになる貴重な情報だからです。そして、この記述で重要なのは、三宅氏が直接、当事者であるS君の話を聞いている点です。当然一次情報であり、雑誌を編集する常識からいえば、当事者に取材ができたこの時点で、話す内容が事実であることを疑いません。

それは、逆の場合を想定してみるとわかります。仮にこの部分が、「三カ月前にS君が待ち伏せされたらしいと近所の人が話した」と記述されていたとしましょう。それは当事者の話でもなく、リアルタイムでもないわけですから、三宅氏の実際の記述に比べて確実性が落ちるのは明らかです。ですから、そんな記述のある原稿を受け取った編集者は、「ホントにこんなことがあったのか？」と、ライターに確認することになるでしょう。私が編集者なら必ずそうします。それほど、当事者の話を直接聞くというのは重いことなのです。

実際の四四九号にある三宅氏の記述は、S君に直接取材できているうえ、母親のWさんや武富士側にも取材しています。編集の常識からみて、かなり慎重で丁寧です。おそらく私なら、S君の話を聞くことができれば、それ以上は取材しないでしょう。場合によっては当事者を取材せず、目撃者（例えば近所の人やS君の友人など）の話だけで「こういう声もある」と記述することさえあり得ます。一般的にいって実際の編集現場では、そうした記述でも掲載可とする方が多いかもしれません。その意味で三宅氏の記述は、編集の常識を超える丁寧な取材に裏付けられているといえます。

5　武富士側の回答についてカコミ欄を設けている

加えて四四九号では、記事の末尾という目立つ場所に別欄（カコミ欄と称します）を設けて武富士側の回答を紹介している点も注目されます。編集の常識からいってこれは異例です。三宅氏の記事を読む限り、武富士は疑惑を全否定し、その根拠さえ示していません。こうした場合、雑誌の記事では「武富士は本誌の取材に対し疑惑を全面的に否定した」と一行で済ますか、まったくコメントを載せない場合が普通です。それをカコミ欄に記述したことは、編集の常識からみて、武富士の立場にかなり配慮しているといえるでしょう。

6　編集の常識でいう事実

編集の常識から特筆すべき点をもうひとつ申し上げます。それは四五〇号にある元社員Xさんの証言、すなわち見知らぬ上司が支店長に暴行したとされるエピソードも事実として扱うことができるということです。

この暴行に関していえば、Xさんは目撃者（二次情報提供者）であり、当事者（一次情報提供者）ではありません。しかし、磨りガラスの向こうに映る当事者たちの姿を見ているうえ、怒号や平手打ちの音などまでリアルタイムで聞いていたとすれば、Xさんの話は限りなく一次情報に近いといえます。

これも逆の場合を想定してみるとわかります。仮にこの部分が「三カ月前に上司が支店長を殴ったらしいと社内で噂になっているとXさんが話した」と記述されていれば、三宅氏の実際の記述に比べ、格段に確実性が落ちます。

すなわち、現場の目撃者であり、当事者（上司と支店長）と当時は同じ企業に属する関係者でもあったXさんの話を、三宅氏が事実として扱い、それを記述したことは、編集の常識からみて何の不思議もありません。むしろ記事全体の趣旨からいえば、記述されて当然だといえます。

7　取材対象が多面的で複数

また、四五〇号の記事全体は、一種の「独占インタビュー」であり、編集の常識からいえば、直接被害を受けた元社員Xさんに取材するだけで十分です。少なくとも私ならそうします。にもかかわらず三宅氏の記事では、社内状況の告発者や訴訟の動きまで記述しています。同様に四四九号や四五八号でも、事件の本筋だけでなく周辺を詳述しています。私の経験からみて、ひとつのテーマで、これほど多くの対象者を取材し、背景まで詳述した記憶は、ほんの数回しかありません。

以上のように、武富士に関する三宅氏の三つの記事はどれも、前記ランク付けでいう**一〜三次情報を網羅した理想的な**（A）の場合です。それぞれに複数の情報が重層的に加味されているという点を考慮すると、（A）をさらに上回る（**特A**）としてもよいでしょう。仮に私が副編集長として、三宅氏の原稿について掲載の可否を問われたら、「お！　それ行こ（掲載しよう）!!」と即座に応じることは確実です。

付け加えれば、一人の被害者の証言と専門家のコメントか裁判例のどちらかだけでも取材できたなら、「まあ、行ってみるか」として掲載するでしょう。さらにいえば、無理な取り立てにあっている被害者がいるらしい、という噂だけでも「ちょっと弱いが、行くのも悪くないかも……」として、小さな記事を掲載するかもしれません。

それが、雑誌を編集する立場からいう〝常識〟なのです。

事実、こうした基準にもとづいて編集の仕事をしている私は、これまで記事にした相手側から、正式に法的な訴訟を起こされたことは一度もありません。これは執筆した記事に関してだけでなく、『マガジンエックス』の副編集長として、掲載の可否を判断してきた記事についても同様です。例をあげれば、トヨタによる愛知万博に係わる環境破壊、日産の下請け企業イジメ、ホンダ系販売店の詐欺まがい行為、日本道路公団の高速道路利権などです。すべての場合について、相手側からは内容証明どころか抗議書すら届かず、電話で苦情が入る程度でした。

前述のように平成一五（二〇〇三）年九月、私は武富士関連の記事を取材しました。内容は、武富士元社員の交通違反モミ消し疑惑です。この記事は、もう一人の編集部員と共同で可能な限りの取材をした結果、副編集長として「行ける」と判断し、『マガジンエックス』二〇〇三年一一月号に掲載しました。結果として、武富士側からは抗議書が届きましたが、正式な訴訟には至りませんでした。

以上のような理由で私は、武富士が三宅氏や（株）金曜日を訴えたと聞いた時、まだまだ武富士は企業としての成熟度が足りないな、という印象を受けました。なぜなら、東証一部上場をはじめとするいわゆる普通の大企業であれば、武富士が三宅氏に対してとった行動、すなわち具体性に乏しい内容証明を送りつけ、その直後に民事訴訟に及ぶなどということは、まず考えられないからです。

と申しますのも、自企業にとって都合の悪い（しばしば社会的意義のある）記事を差し止めるには、法的な動きを起こす以前に、費用も時間もかからない方法がいくらでもあることを、大企業は（同時に編集する側も）経験で知っているからです。例えば、雑誌の経営者や編集長を懐柔する、ライター本人に接待攻勢をかける、大勢で編集部に抗議に出向く、ライターの自宅にイタズラ電話をかける、などです。無視を決め込むのもひとつの立派な方法です。先述の私が係わった記事の場合、トヨタは無視、日産は抗議、ホンダや三菱は懐柔という手段をよくとってきました。

そうした対応の後に抗議書や内容証明を送ることは、確かにあるでしょう。ただ、普通の大企業が、雑誌やライターに対して内容証明を送る場合、記事中のどこが問題かという点を、重箱の隅をつつくように細かく指摘してくるのが普通です。ところが平成一六（二〇〇四）年三月三日、武富士から三宅氏に届いた内容証明は、具体的な問題点を指摘していないうえ、一方的に雑誌連載の中止を迫るものでした。これでは編集する側が対応のしようがありません。記事に書かれた大企業側が問題点を具体的に示し、それに編集側が反論等を含めてまた具体的に対応し、その結果によっては訴訟もあり得る、というのが編集の（同時に大企業の）常識なのです。

しかし武富士は、まるで内容証明と民事訴訟がセットかと思えるような手段をとりました――そこに、日本の財界のメンバー企業としては日の浅い〝未熟さ〟を感じます。

企業規模が大きくなるためには、時には相当に無理な行為も必要かもしれません。普通の大企業はこの宿命をよく知っています。スネに傷があるわけですから、自企業にとって多少は不利な情報が世に出ることも織り込み済みです。批判的な記事が雑誌に掲載されるのは、むしろ企業として存在感がある（読者の関心が高い）証拠として受け入れる――それが普通の大企業が考える基本的な立場です。武富士はこの点をよくわかっていなかったのだと思います。

繰り返しますが三宅氏が執筆した記事は、取材の手法や内容がきわめて丁寧で立派なものです。ここまでの仕事をしてなお、相手から訴えられるのであれば、フリーライターという職業は消滅するほかはありません。三宅氏は、大企業にたった一人で立ち向かったのですから、当然そこには義憤に似た感情があったことは想像できます。それは蟷螂の斧かもしれません。ですがこうした勇気を奮う人間がいなくなってしまえば、世の中の情報は、かなり画一的で平板なものになってしまうことも、また疑いないところです。そんな世の中になってしまうことを、私はメディアの片隅に身を置く一人としてけっして望みません。そしてその感情は、武富士を除く普通の大企業にとっても、おそらくは根底で共通していると確信しています。

その意味からも、三宅氏や（株）金曜日に対する判決が、フリーライターの義憤を奮う場を奪わないものであること、そして読者が様々な角度からの情報を得る機会を奪わないものであることを願ってやみません。

■「武富士残酷物語」訴訟についての三宅勝久氏と武富士それぞれの姿勢について　田原大輔

1　私の略歴

私は昭和三八年に、横浜市で生まれました。大学卒業後、いくつかの職業を経験したのち、平成二年にフリーのライターとして創業しました。現在は四一歳、文筆業を始めて一四年目になります。この間、各種雑誌への記事、単行本、企業経営に関する資料集、社史など、さまざまな出版物の制作に携わってまいりました。具体的な媒体等としては、書籍としては『先進企業のデザイン戦略』『目標管理評価制度書式資料集』（ともにアーバンプロデュース社刊）などの企業経営実例集、雑誌では、『月刊研究開発マネジメント』等の企業経営専門誌から、『アサヒ芸能』『サイゾー』『噂の真相』等の一般雑誌まで、複数のジャンルで幅広く仕事をさせていただいております。仕事の内容はその都度さまざまですが、概ね、企画段階から取材、情報収集、執筆、編集まで、出版物を作成する一通りの過程を経験しております。

2　記事ができるまで

そのなかで、記事が雑誌に掲載されるまでには、幾重にもわたる確認作業がなされます。まず、記事になりうる何らかの情報が得られた時点で、その情報が真実であるかどうか、それに類似した事例は他に存在しないかを確認する作業を進めます。真実であるかどうかを確認することは報道にとって当然の行動であり、他の事例を探すことは、起きた事柄が普遍的だということを確認できるからです。

そこで、取材という作業を進めていきます。その際、まず直接に事件等を経験した当事者、または当事者に近く事件そのものを熟知している人に話を聞きます。そして、同様の経験をした人がいないか探し、存在した場合にはその当事者にも話を聞きます。

これは、たとえある一人の経験が真実であったとしても、それが特殊なケースである可能性がありますす。この株式会社武富士に関するケースでも、強引な取り立てをした社員や、上司から虐待を受けた社員が、極めて稀な事例だという可能性は、初期の時点では否定できないでしょう。

3　三宅勝久氏の記事について

しかし、三宅氏による、『武富士残酷物語』(「週刊金曜日」二〇〇三年二月二八日発行　第四四九号)、『武富士社員残酷物語』(同三月七日発行　第四五〇号)、『武富士「第三者請求」裁判』(同五月九日発行第四五八号)のいずれを読んでみても、当事者から直接にインタビューを取り、しかも類例や関係者からの証言も掲載しています。これは、記事の信用性が極めて高いことを示しており、また、三宅氏のジャーナリストとしての手法が正統かつ慎重であることがうかがえます。

4　反論権について

次に、正しいジャーナリズムには、批判された側への反論権というものがあります。一方的に何かを攻撃するのではなしに、攻撃や批判された側に対してもキチンと反論の余地を残しているのです。これについては、取材過程において批判された側への取材という形がよく行われます。また、記事が公になった後で対応することも少なくありません。

私の経験では、ある企業がマスコミに圧力をかけているのではという疑念から、その企業に取材を申し込んだところ許可され、広報担当者から「そうした事実はありません」という証言とともに、その理由や根拠が説明されました。取材を進めていくとその広報担当者の言うことが事実であり、結局はその企業ではなくマスコミの体質に疑惑の要因があった、という結論となりました。このように、得られた情報や疑念を取材という作業によって確認し、あらゆる角度からの視点によって整合性を考えたうえで記事にしていく、というのが正統なジャーナリズムであると考えられます。

通常、どのようなテーマであれ、出版に携わる者が企業に対して取材という形で事実関係を確認するのはまっとうで常識的な行為であり、そのことは社会的にも認められております。そして、良識ある企業であれば、取材の申し込みに対して誠意ある対応をしてくれるというのが、私がこれまで仕事を通じて経験した事実であります。

企業に取材を申し込む際、担当者または適切な人物がわかっている場合にはその人物やその所属部署に、不明の場合には広報担当部署に電話や文書で連絡します。そして、記事にしようとしているテーマや問題について企業としての意見や姿勢を聞きたいという旨を伝えます。ここまで作業を誠実に進めれば、企業側からもキチンとした対応が返ってきます。

対応としては、企業によってまちまちです。最初はかたくなだった広報担当者も、こちらが何度も説明していくうちに納得して取材に応じてくれたケースもあります。極端な例では、知人の編集者などは企画趣旨の説明に企業を訪問したところ、総会屋に間違われたものの、やはり誠意を尽くして会話を重ね、納得してもらったということもあります。

また、すべての取材申し込みに対して、必ず取材ができるとは限りません。取材拒否ということも、珍しくありません。しかし、企業取材の場合、具体的かつ納得できる適切な理由が提示されるのが普通です。たとえば、私が自動車メーカーT社に対して、「御社のある社内制度について取材したい」と申し込んだところ、「社外秘なので取材には応じられない」と拒絶されました。

企業であってもプライバシーはあるでしょうし、自らが作り出したノウハウを社外に公開したくないというのは、まことにもっともで理にかなっていると考えられます。また、そうした企業のプライベートについては、企業の判断によるものと考えられます。事実、社外秘であっても資料を公開してくれる企業は少なくありません。私が製作したことのある経営資料集の多くは、企業の人事制度や業務内容などが数多く掲載されており、それらはすべて企業の許可を得て、取材し、社内資料を公開しています。

このように、取材に応じるにせよ、拒否するにせよ、良識ある企業であれば納得のいく具体的で論理的な説明がなされるのが妥当と考えられ、それは社会的にも認識されていると考えられると思います。

5　武富士の対応

しかるに、株式会社武富士の姿勢というのは、さまざまな点から誠意を尽くしているとは思えないものがあります。第一に、三宅氏が取材過程で武富士側に取材を申し入れ、包み隠さずに事情を話しているにもかかわらず、ただ三宅氏が収集した情報について完全に否定するのみで、その根拠について武富士側は何も示しておりません。ただ「事実無根」を繰り返すばかりです。

もし本当に事実無根なら、その根拠や確証を示すべきでありましょう。そして、常識ある記者ならば、納得のいく説明がなされれば、それを受け入れるはずです。なぜなら、生活や収入に何の保障もないフリーのライターにとって、誤った記事を書くことは信用を喪失することであり、死活問題となるからです。

また、三宅氏の記事が事実無根のデッチあげ記事を書いたとしても、それは三宅氏には何の利益にもならないと考えられます。わが国の出版界において、雑誌の原稿料というものはそれほど格段に差があるわけではありません。センセーショナルなルポだから高額が支払われるとか、凡庸な文章だから安いということはなく、ほぼ似たような金額が支払われるのが業界の常識です。したがって、三宅氏がもし武富士側から納得できる論理的、常識的な誠意ある説明を受けていたとしたら、それに従って記事を訂正していたことが考えられます。つまり、三宅氏は単にジャーナリズムの原理原則に基づいて仕事をしていたにすぎないのであって、この点からも悪意をもって架空の記事を執筆したとは考えにくいものがあります。

そして、武富士側の反論の手法についても疑問が払拭できません。既述のように、三宅氏が取材過程で武富士側に反論を求めているにもかかわらず、これを半ば無視するような形で事実関係についての説明を拒み、そのうえ、平成一六年三月三日には週刊金曜日編集部に、「株式会社武富士より、本件について委任を受けた」という弘中惇一郎弁護士より内容証明郵便が送付されました。この内容証明郵便の書面には、「この記事は通知人の名誉・信用を傷つけるものである上、その内容は係争中の事件について、専ら一方当事者の言い分に依拠したものであり、多くの点が事実に反するものとなっています」などとあり、記事内容への具体的な意見や反論などはなく、ただ記事掲載の中止を要求するのみの内容しか書かれておりません。具体的に記事のどの部分に対して抗議しているのかも示されず、一方的に記事掲載を中止せよというのは希有なケースです。通常は、事実と異なるなど企業や団体、個人などに不利益と考えられる記事が掲載され発行された場合、その真実との相違点などを具体的かつ詳細に指摘したうえで抗議するのが常識となっています。良識ある出版人であれば、そうした論理的かつ具体的な抗議を無視することは、まず考えられません。しかし、抗議の根拠も示さずに一方的な記事掲載中止の要求では、対処のしようがありません。

さらに、いきなり民事訴訟という手法にも疑問を覚えます。もし三宅氏の記事によって株式会社武富士が社会的な信用を損なわれたというのなら、その名誉を回復するためにも、まず反論記事の掲載を試み、万一間違いがあれば訂正記事、謝罪広告や謝罪記事を考えるのが妥当と考えられます。にもかかわらず、掲載中止要求の内容証明郵便からそれほど期間も置かぬうちに三宅氏と出版元に対して民事訴訟の手続きを取るというのでは、名誉回復よりも、自社に都合の悪い発言を封じてしまおうという意図があるとみられるのも、不自然ではないと考えられるものであります。

6　裁判所へのお願い

出版と企業とは、これまである点では対立しつつも、総じては信頼と尊敬に結ばれて歩んできたと信じております。それが、双方の信頼関係が断絶し、片方が一方を高圧的に支配するようになっては、わが国の出版界と産業界に、どれほどのマイナスとなるか予測もつきません。

今回の判決が、報道というものの良心を奪ってしまわないこと、出版と産業の健全な発展を阻害するものでないよう、心から願うものであります。

■陳述書　西里扶甬子

私は北海道札幌に生まれ、大学卒業後、北海道放送にアナウンサーとして入社、その後報道部記者に転じ、報道人としてのキャリアをスタート致しました。二年半後、オーストラリア放送の日本向け短波放送（ラジオ・オーストラリア）に転職、アナウンサー／翻訳者として、メルボルンで三年間勤務致しました。それから一年間ロンドンで、NHK支局、野村総研ロンドン事務所などで働き、一九七七年帰国後は、海外メディアの日本取材のコーディネーター／リサーチャー／インタビューアーとして、報道番組、ドキュメンタリー番組を中心に現在に至るまで仕事を続けてまいりました。二〇〇一年より、ドイツ国営テレビ（ZDF）東京支局プロデューサーとして勤務しておりますが、それまではフリーランスの立場で、BBC、ITV、Ch4（以上英国）NBC、ABC、CNN、PBC各局（以上アメリカ）、ARD、ZDF（以上ドイツ）『ロンドン・タイムス』、『ニューズウィーク』（以上活字メディア）などの海外主要メディアの取材チームの一員として、あらゆる場面で日本を海外に報道する仕事の最前線に立ち会ってまいりました。現在外国人特派員協会（プレス・クラブ）の会員であり、ジャーナリストとしては、出版労連フリーランス部門の出版ネッツに加盟しています。

その傍ら「戦争犯罪」「戦争責任」の問題を一貫して追い続け、『悪魔の飽食』以降の731細菌戦部隊を巡る日本・アメリカ・中国の動きを、二〇〇二年『生物戦部隊731〜アメリカが免罪した日本軍の戦争犯罪〜』(草の根出版)を上梓。二〇〇三年は『731部隊の生物兵器とアメリカ』(かもがわ出版)を翻訳・一部執筆して出版いたしました。また、八〇年代にはお産をテーマに『待っててね赤ちゃん』(リヨン社)、英語放送をテーマに『ラクラクワカル世界の英語放送』(Cat Books)を執筆出版いたしました。

いずれにおいても、ノン・フィクションであり、取材・調査を元とするものであります。このような三〇年に及ぶ報道人としての経験に基づいて、本件被告三宅勝久氏のジャーナリストとしての手法や仕事の「信頼性と質」について、私なりの評価を述べたいと思います。

本件原告（別訴被告）「武富士」は、一九六〇年代に誕生し、高度経済成長に沸き立つ追い風の風潮の中で、日本人の金銭感覚の麻痺と狂乱に便乗して急成長したいわゆるサラリーマン金融（消費者金融業）の雄であります。

私は七〇年代終わりから東京に居住し、海外メディアの目で日本社会の実態を見てまいりました。広い世界には様々な事件・紛争があり、東京発の事象として本国向けに報道されるには、それなりの事件性や衝撃性があることが条件となります。そういう意味で、この二五年間世界の耳目を集めた現象のひとつに、バブル経済と命名された、日本の過熱した異常な景気があり、九〇年代初頭のその崩壊に伴う、悲喜劇でした。この間、私自身以下のような切り口で、ノンバンク関連の企業および債務者の調査・取材を行った経験を踏まえて、本論にはいりたいと思います。

1、地上げのからくり
2、住専問題とやくざとの関係
3、腎臓提供を迫る「取立て業者」
4、自殺者の実態（不況との関係）
5、中小企業者の倒産
6、多重債務者

7、東京のホーム・レス
8、自死遺児
9、リストラ失業

欧米ジャーナリストが首をかしげる実態

以上の項目のほとんどすべてに、商工ローンあるいはサラ金、さらには闇金融が関わっておりました。お分かりのように、これらのストーリーは、新聞社、テレビ局の報道部の区分けでいうならば、経済部というより、社会部ネタであります。新聞でいうところの、三面記事です。つまり、債務者が窮乏のあまり強盗を働いた、自殺した、あるいは、暴力的取立てで警察沙汰や傷害事件となったというバラバラの事象としてしか取り上げない傾向にあります。七〇年代初頭には日本のマスメディアにおいても、サラ金批判キャンペーンがあったときいていますが、無担保、無保証、即日融資という「甘い罠」を仕掛け、厳しく取り立てる、弱く困窮した、一般消費者向けの貸金業が、日本の金融制度の中に深く食い込み、銀行とさえ提携を深めている実態を、根本的に問うマスメディアが存在しないことに強い危機感を覚えます。ましてや、一部見直されたとはいえ利息制限法の金利には罰則もなく、事実上は、そのような法律さえ知らない利用者は、「返済能力を超える過剰融資を利息制限法違反の高金利で借りている。」そして、「そのような貸金業が業績を伸ばし、一部上場したばかりか、一流会社としてのステータスである『経団連』に加盟して、財界に受け入れられた」ことは、欧米のジャーナリストにとっては、首をかしげるところです。

事実、大新聞や大テレビの経済部記者にとって、サラ金からしか借金ができない困窮した無力な個人や、さらに悪化する状況の中で、闇金融にまで手を出してしまう個人の立場など到底理解できないという現実の中で、多重債務者と呼ばれる追い詰められた人々は、敗北者としてますます社会の片隅に押しやられている現実があります。ヨーロッパには制度の違いから、こうした貸金業は闇の世界にしか存在せず、ましてや、自殺に追い込まれた債務者の生命保険金で負債が処理されるなどの現実は、実に不可解と捉えられています。ドイツでは、合法の貸金業者は銀行で「支払い能力」以上の融資はあり得ないのです。闇金融に手を出しても、発覚した時の罰則は厳しく、歯止めがかかっています。

法定の金利が一五〜二〇%というのも、預金金利が一%以下であることを思えば、異常に高いと思われています。サラ金が「銀行から二%前後で資金を借り入れ、消費者に約一〇倍の二〇%以上の金利で貸してその利ざやで肥え太って行く」という現実が「合法」であるというのも、ノーマルな感覚とは見られていません。

特に日本中のどんな田舎町にも、畑の脇にも軒を連ねるサラ金業者の「自動契約機」の光景は異様です。取材して初めてわかったことは、本当に誰の力も借りずにいとも簡単にカードを作成し、その場で借金ができるということです。

しかも、そのカードで次からは提携銀行のキャッシュ・ディスペンサーからもキャッシングという名の「借金」ができるということです。

このような実態に正面から目を据えて、国民一般への警告と、貸金業界の不正義の告発をジャーナリストとして果敢に実行しているのが、三宅氏であり、『週刊金曜日』とその一連の武富士キャンペーンの執筆者たちです。

ジャーナリズムの世界にも、日本の場合トレード・ユニオン（業種別組合）制度は機能しておらず、大新聞、大放送局であれば、個々の記者が真実に肉薄するどのような取材を敢行しようとも、結果としては、組織の意向の範囲内の報道となることが、慣わしのようになっています。民放キー局全てに高額広告主となった「武富士」をはじめとする大手消費者金融各社に対して、自己矛盾のような批判報道はできないということで、事件・事象の報道に留まっています。武井会長の盗聴事件による逮捕で、自粛の傾向にあるとはいえ、「広告費の威力」が、世論への影響の大きい放送メディアを一定程度コントロールできることをみせつけました。

三宅氏ら一連のフリージャーナリストへの名誉毀損訴訟は、「広告費の威力」が及ばず、組織から保護されることのない彼らへの不当な恫喝に他なりません。「法の正義」を標榜する裁判所が、「合法的手続による強迫的訴訟」に結果として加担することがあってはならないと思います。

三宅氏の取材・報道作法について

私自身の経験からいえば、これらの問題に限り、取材対象としたのは上記3のケースを除いて、圧倒的に債務者側です。貸金業者側に関しては少数の勇気ある内部告発者と元社員の証言を集めたに過ぎません。なぜなら、以下の点について、「事実無根」とされた三宅氏の記事の内容と基本的に一致する証言を得たことと、その証言から浮かび上がった「取立てのやり口」からして、彼らは一部上場会社の社員とはとても考えられず、英語でいうところの「ローン・シャーク」(不法で暴力的な高利貸)そのものであり、「取り立て専門業者」のように見えました。彼らに接触すること自体が、①報道結果を左右しかねない無用の強迫を誘導する恐れがある　②不法行為について認めるような証言をするはずがない　③下請け業者の行いについては、貸金業側は「承知していない」と一蹴されるのは歴然としている　④債務者の窮状、悲惨(自殺、鬱病、倒産、ホームレス化)だけでも、報道の価値がある、などの判断が働いたからです。

特に海外から一時的に取材に来日したチームと仕事をしている場合、結局放映時日本に残っているのは「私のみ」であり、強迫・攻撃の対象となるかも知れないことを覚悟しなければならないのです。しかるに三宅氏は、事実関係について、きちんと「武富士広報部」に問い合わせ、その「事実はない」一点張りの回答についても誌上で報告しています。(『週刊金曜日』二〇〇三年二月二八日号)「根拠を示さず」、「事実はない」とする回答は、到底説得力はありませんが、敢えてそのまま発表することで、多くの言葉を並べるよりも効果的に「武富士」の会社の体質を表現する結果になっています。地方の堅実な新聞でキャリアをスタートさせた三宅氏は、関係者すべてに取材するという、「取材者としての基本的ルール」を忠実に守り、自身の責任において、取材作法までをも明確にする形で記事をまとめています。

また、債務者側、武富士社員側双方について、匿名として、「信憑性」について疑問視されることを覚悟の上で、報道される側の人権・プライバシーに配慮しています。以上は三宅氏が「良心的」かつ「誠実」で、「真実に対する執念」を持ったジャーナリストであることを証明しています。そして、この三点を同時に満たすことは、決して簡単なことではないことをここで強調したいと思います。

最近の報道からして、「武富士正社員」がそのような暴力的やり口で取り立てしていたことがわかり、むしろ驚いています。訴訟社会の欧米の常識からして、「末端の下請け人」ではなく、「一部上場」までした「会社の正社員」が「不法で暴力的」取立てをして、摘発されないことは考えられないからです。

以下に三宅氏の取材して報道した内容で、事実無根、名誉毀損として原告が訴えの対象とした内容について、私自身の取材経験から検証してみたいと思います。

1、サラ金業者の「取立て作法」

二〇〇三年二月二八日発行四四九号で、三宅氏は債務者の母である聴覚障害者に対する「窃盗・恐喝罪に問われかねない」暴力的取立てと、債務者の息子である小学生をも巻き込んだ「強引な返済督促行為」を報じています。

この記事の場合は、「聴覚障害者」と「小学生」が巻き込まれていたことが特殊であって、直接暴力を行使しないまでも「暴力的」「脅迫的」取立ては「普通」になっているというのが多くの債務者から取材した結果の私の印象です。

両腕を捉まれて「拉致されるように」車に押し込まれ、事務所に連れていかれたケース、債務者の娘（退職金を目当てに）を待ち伏せなどのケースもありました。

特に電話攻勢はもっとも悪質で、レストランなどの接客業者である、多重債務者に朝から晩まで一業者一〇数回の電話がかかれば、自殺したい心境に追い込まれるのも無理はありません。また、警官、学校教師などの職場に同じような督促の電話攻勢があれば、本人の面子はなくなります。これを「暴力的」と表現して間違っているとは思いません。路上生活者（ホームレス）の中には、サラ金からの取立ての電話や訪問から逃れるために、家を出て路上生活をしているという人物に何人も会いました。つい最近まで普通のサラリーマンや職人だったという人たちだけに、「痛ましい」というのが率直な印象です。

2、「社員残酷物語」について（二〇〇三年三月七日、四五〇号に関連して）

サラ金業者の営業社員には、顧客開拓においても、取立てにおいても過重なノルマが課され、自己のおかれている土日も休めないといった精神的・物理的に過酷な状況の中で、必然的に返済の滞っている債務者に過酷になるという構図になっているようです。就職難の昨今、ナイーブな若者たちが、一部上場企業の金融機関ということで夢と希望を持って入社した後、「人間性」「プライド」などを踏みにじられた結果、回収できなかった債務を負わされるなどすれば、「社員残酷物語」という表現がぴったりです。

また追い詰められた債務者が自殺すれば、「生命保険」で完済されるので、自殺も「歓迎」されるという話もよく耳にしました。三宅氏が書いている通り、「顧客死亡の報に職場が沸いた」のは当然です。私は、自殺した夫の残したメモを頼りに、複数の業者に生命保険金で債務の清算を済ませた妻にも取材したことがあります。

3、「第三者請求」について（『週刊金曜日』二〇〇三年五月九日、四五八号に関連して）

同居の肉親や配偶者に対して、「強迫的」態度や言葉で債務者の所在を聞き出そうとするということは、決して珍しくないというのが、私の債務者側を取材した印象です。さらに、同居していてもしていなくても、「肉親」「親戚」に対して、返済を迫るということも、珍しくないとの印象をもっています。というのは、この場合、「肉親」や「親戚」さらには「隣近所」にまで、「迷惑をかけ」、債務者本人や肉親が世間的信用や評判を落としていることや、家族や本人に危害を加えられるのではないかという恐怖心に、耐え難くなり、どんな無理をしても、返済をしなければならないという切迫した思いに追い込まれることが、「取立て側」の脅迫的言動の目的で、結果として返済が実行されることをめざしているからです。ですから、その過程で、「自殺したら、それはそれで結果としてはＯＫなのだ」という関係者の証言も聞かれました。無条件・無償の愛で支えようとする肉親の情につけ入り、「第三者」であっても「肉親」であれば当然責任の一端を担おうとする日本的メンタリティを利用して、「請求されていると思いこませる」ことをも意識していることは明白です。

「第三者請求」が違法であることを認識した上で、「返済の義務はない」けれど「返済しなければならない」あるいは、「請求はされていないが、債務者本人に代わって何とかしなければ、自分も本人も破滅する」との思いに駆られ、結果として返済がすすむことを至上の目的として「脅迫的」言動を執拗に繰り返すという、悪質・巧妙なやり口もあります。その結果、Aのサラ金の返済のためにBのサラ金から借りるとか、息子のサラ金返済のために父がサラ金に手を出すというような、「サラ金地獄」のあらたな展開におちいって行くのです。ですから三宅氏が、『金曜日』四五八号で報じた二件の係争中のケースについて、原告が事実上、返済金を「第三者」から受け取っている事実において、「意図した目的」を達していることは事実であり、事実を報道することが「名誉毀損」となるならば、「不正の告発」という報道の使命への重大な挑戦と言わざるを得ません。

最後に

未曾有の経済成長の中で、「金銭感覚」を狂わせてしまった、日本社会は、「バブルの如き繁栄の夢」が破れた今も、「サラ金」という異常な貸金業を「繁栄」させ、四〇年にも及ぶ「サラ金地獄」を放置しています。その中にあって、三宅氏のような勇気あるジャーナリスト、全国に展開する「クレジット・サラ金被害者の会」の主催者たち、その活動を支える、弁護士、司法書士の皆さんには頭が下がります。「困窮する弱者」がさらなる深みにはまり、溺れるのを見過ごすような現実の中で、救いの手を差し伸べる彼らは、日本社会の希望の光です。このような「言論封殺」を意図した訴訟で、原告が勝訴するようなことがあれば、裁判所は日本社会の「暗黒化」に手を貸すことになり、「弱く困窮した市民」が救われる道を閉ざすことになります。裁判所はそのような過ちを犯すことなく、「正義」を実現する「法の整備」を提唱するよう、切に願う次第です。

あとがき

暴力団、警視庁、大手広告代理店と癒着し暴利をむさぼってきた「サラ金の帝王」に、徒手空拳で立ち向かった記者たちの足跡を残しておきたい。末端とはいえ自分が携わったことを書く気恥ずかしさがありながらもその思いが募ったのは、武富士が乱発した名誉毀損訴訟、カネの力による批判封じが、疑惑政治家や問題企業のブームになっていると知ったからだ。市民の報道被害救済には大切でも、権力をもつものが悪用することも多い名誉毀損訴訟は諸刃の剣だと痛感する。『週刊文春』が出版を差し止められたり、ビラを配っただけで逮捕されたりと、世の中は年を追って息苦しくなっている。そんな時流に迎合し、強者の顔色をうかがい弱者を叩くメディアも増えた。権力の不正を暴く調査報道、ルポルタージュは、いまや絶滅危惧種なのかもしれない。

それでも、いやだからこそ、フリーランスを中心にした記者たちが連携し武富士の闇に立ち向かったことは、ジャーナリズムの〝これから〟に大きな意味をもつ。そう信じられたことが、取材者としてだけでなく半ば当事者として武富士との裁判に携わった最大の収穫だった。

本書の取材と執筆にあたっては、三宅勝久さん、山岡俊介さん、寺澤有さん、野田敬生さん、篠原隆史さん、田原大輔さん、大野晃さんをはじめ多くの記者たちに教えられた。諸般の事情から実名で記さなかったが、新聞社、通信社、テレビ局で働く志ある記者との出会いにも感謝している。中川一博さん、御木威さん、藤井龍さん、松下みゆきさんら武富士元従業員には心から敬意を表したい。あなたたちの勇気ある告発がなければ、真実は闇に葬られていたのだから。

『週刊金曜日』顧問弁護士や武富士被害対策全国会議の弁護士、司法書士の方々には、ときに意見がぶつかり生意気なことも言った私（たち）に付き合い助けていただいて感謝の言葉が見つからない。裁判のたびに東京地裁前で一緒にビラを配った事務局長の本多良男さんはじめ全国クレジット・サラ金被害者連絡協議会、高松あすなろの会のみなさま、苦楽をともにした武富士残酷物語訴訟を支援する会、出版ネッツの組合員、『週刊金曜日』編集部、読者会のみなさま、お世話になりました。これからもよろしくお願いします。

最後に、本書執筆を勧めてくださった『週刊金曜日』さぬき読者会の山崎千津子さんとジャーナリストの先輩・西里扶甬子さん、厳しい出版不況のなか、武富士事件と言論・表現の自由への深い理解にもとづいて、出版を快諾され急な書き下ろしに激励と的確なアドバイスをいただいた花伝社の平田勝社長、急ピッチながらていねいな編集をしてくれた杉浦真知子さんはじめスタッフのみなさん、ほんとうにありがとうございました。

先日、津波取材のために一カ月弱行っていたインドネシアのアチェから三宅さんが帰国した。「人間にはカネよりも大事なものがあるのだと、改めて教えられた」と語る彼の元気な姿に、武富士とのバトルが一つの山をこえたことを実感した。カネでは心を売らない人たちの存在を理解できなかったことこそ、カネの亡者、武井保雄・武富士前会長の蹉跌の原因だったのだろう。武富士事件のケーススタディを通じて名誉毀損訴訟の歪みを考えた小著が、日本を少しでも風通しよくする一石となることを祈りつつ。

二〇〇五年二月二一日

北　健一

参考文献

◆武富士問題関連

山岡俊介『銀バエ　実録武富士盗聴事件』（二〇〇四年、創出版）、武富士被害対策全国会議編『武富士の闇を暴く』（二〇〇三年、同時代社）、三宅勝久『サラ金・ヤミ金大爆発　亡国の高利貸』（二〇〇三年、花伝社）、週刊金曜日取材班『電通の正体』（二〇〇五年、週刊金曜日別冊ブックレット8）、溝口敦『武富士　サラ金の帝王』（二〇〇四年、講談社＋α文庫）、一ノ宮美成＋グループ21『武富士　サラ金帝国の闇』（二〇〇四年、講談社）、寺澤有ほか『日本タブー事件史　誰も触れないあの事件の真相』（二〇〇五年、宝島社）、ベンジャミン・フルフォード『日本マスコミ「臆病」の構造』（二〇〇四年、宝島社）、クレサラ白書編集委員会『クレサラ白書2004』（二〇〇四年、第二四回クレ・サラ・ヤミ金・商工ローン被害者交流集会）、宇都宮健児『消費者金融』（二〇〇二年、岩波新書）、読売新聞社会部『ヤミ金融』（二〇〇三年、中公新書ラクレ）、木村勝美『武富士対山口組』（二〇〇三年、イーストプレス）、吉野正三郎『庶民金融が消滅する日』（二〇〇三年、日新報道）、高島望『武富士流金儲けの極意』（一九九七年、ポケットブック）

◆名誉毀損訴訟、表現の自由関連

浜辺陽一郎『名誉毀損訴訟　言論はどう裁かれるのか』（二〇〇五年、平凡社新書）、山田健太『法とジャーナリズム』（二〇〇四年、学陽書房）、立花隆『「言論の自由」VS「●●●」』（二〇〇四年、文芸春秋）、松井茂記『マス・メディア法入門　第3版』（二〇〇三年、日本評論社）、飯室勝彦『報道の自由が危ない　衰退するジャーナリズム』（二〇〇四年、花伝社）、門田隆将『裁判官が日本を滅ぼす』（二〇〇三年、新潮社）

このほか、東京（中日）新聞、毎日新聞、朝日新聞、読売新聞、日経新聞、産経新聞、しんぶん赤旗、週刊金曜日、サンデー毎日、エコノミスト、週刊東洋経済、週刊文春、ニューズウィーク（日本版）、現代、創、世界、放送レポート、消費者法ニュース（順不同）の関連記事を参考にしました。

◆武富士問題、名誉毀損訴訟に関連する問い合わせ先

※武富士との裁判を傍聴してみたい

『週刊金曜日』編集部　TEL　03-3221-8527　E-mail　henshubu@kinyobi.co.jp（裁判日程は同誌ホームページのコーナー URL　http://www.kinyobi.co.jp/takefuji でも公開しています）

※消費者金融（サラ金）、クレジットなどの借金で困ったら

全国クレジット・サラ金被害者連絡協議会（TEL　03-3774-1717）もしくはお住まいの都道府県の弁護士会、司法書士会まで。

※出版界で働くフリーがトラブルに巻き込まれたら

ユニオン出版ネットワーク（出版ネッツ）TEL&FAX　03-3816-2973
E-mail　nets@jca.apc.org　URL　http://www.jca.apc.org/NETS/

※本書についてのご意見、ご質問、情報提供など

北健一　E-mail　k-kita@h7.dion.ne.jp

北　健一（きた　けんいち）

1965年広島県生まれ。

埼玉大学経済学部中退。地質調査、引っ越しなどいくつかの職を経てフリーのジャーナリストに。

著書に『その印鑑、押してはいけない！　金融被害の現場を歩く』(朝日新聞社)。ルポ「海の学校　『えひめ丸』指導教員たちの航跡」で、2003年、週刊金曜日ルポルタージュ大賞優秀賞を受賞。週刊誌、月刊誌、経済誌、法律誌などにルポや記事を発表。

武富士が貧乏ライターに1億1000万円払えという名誉毀損訴訟を起こしたことに義憤を感じ、『週刊金曜日』に「同時ルポ　武富士裁判」を連載（http://www.kinyobi.co.jp/takefuji）するかたわら、友人記者らと「武富士残酷物語訴訟を支援する会」を結成。フリーランスのユニオン、出版ネッツ（出版労連加盟）の組合員でもある。

メールアドレス　k-kita@h7.dion.ne.jp

武富士対言論——暴走する名誉毀損訴訟

2005年3月10日　初版第1刷発行

著者 ——北　健一
発行者 —平田　勝
発行 ——花伝社
発売 ——共栄書房
〒101-0065　東京都千代田区西神田2-7-6 川合ビル
電話　03-3263-3813
FAX　03-3239-8272
E-mail　kadensha@muf.biglobe.ne.jp
URL　http：//www1.biz.biglobe.ne.jp/~kadensha
振替 ——00140-6-59661
カバー・絵—藤生ゴオ
装幀 ——神田程史
印刷・製本　モリモト印刷株式会社

ISBN4-7634-0436-9 C0036